阅读的
方法与技巧

本书编写组◎编
胡淑慧 石柠 王晖龙◎编著

未来的文盲不是不识字的人，
而是没有学会怎样学习的人。

世界图书出版公司
广州·北京·上海·西安

图书在版编目（CIP）数据

阅读的方法与技巧／《阅读的方法与技巧》编写组
编．—广州：广东世界图书出版公司，2010.4（2024.2 重印）
ISBN 978 - 7 - 5100 - 2016 - 2

Ⅰ．①阅…　Ⅱ．①阅…　Ⅲ．①读书方法 - 青少年读物
Ⅳ．①G792 - 49

中国版本图书馆 CIP 数据核字（2010）第 050001 号

书　　名	阅读的方法与技巧
	YUE DU DE FANG FA YU JI QIAO
编　　者	《阅读的方法与技巧》编写组
责任编辑	张梦婕
装帧设计	三棵树设计工作组
出版发行	世界图书出版有限公司　世界图书出版广东有限公司
地　　址	广州市海珠区新港西路大江冲 25 号
邮　　编	510300
电　　话	020-84452179
网　　址	http://www.gdst.com.cn
邮　　箱	wpc_gdst@163.com
经　　销	新华书店
印　　刷	唐山富达印务有限公司
开　　本	787mm×1092mm　1/16
印　　张	13
字　　数	160 千字
版　　次	2010 年 4 月第 1 版　2024 年 2 月第 4 次印刷
国际书号	ISBN　978-7-5100-2016-2
定　　价	59.80 元

光辉书房新知文库
"学会学习"丛书编委会

"光辉书房新知文库"

总策划/总主编:石　恢

副总主编:王利群　方　圆

本书作者

胡淑慧　石　柠　王晖龙

序：善学者师逸而功倍

有这样一则小故事：

每天当太阳升起来的时候，非洲大草原上的动物们就开始活动起来了。狮子妈妈教育自己的小狮子，说："孩子，你必须跑得再快一点，再快一点，你要是跑不过最慢的羚羊，你就会活活地饿死。"在另外一个场地上，羚羊妈妈也在教育自己的孩子，说："孩子，你必须跑得再快一点，再快一点，如果你不能比跑得最快的狮子还要快，那你就肯定会被他们吃掉。"日新博客—青春集中营人同样如此，你必须要"跑"得快，才能不被"对手"吃掉。人的一生是一个不断进取的学习过程。如果你停滞在现有阶段，而不具有持续学习的自我意识，不积极主动地去改变自己。那么，你必将会被这个时代所淘汰。

我们正身处信息化时代，这无疑对我们在接受、选择、分析、判断、评价、处理信息的能力方面，提出了更高的要求。今天又是一个知识经济的时代，这又要求我们必须紧跟科技发展前沿，不断推陈出新。你将成为一个什么样的人，最终将取决于你对学习的态度。

美国未来学家阿尔文·托夫斯说过："未来的文盲不是不识字的人，而是没有学会怎样学习的人。"罗马俱乐部在《回答未来的挑战》研究报告中指出，学习有两种类型：一种是维持性学习，它的功能在于获得已有的知识、经验，以提高解决当前已经发生问题的能力；另一种是创新性学习，它的功能在于通过学习提高一个人发现、吸收新信息和提出新问题的能力，以迎接和处理未来社会日新月异的变化。

想在现代社会竞争中取胜，仅仅抓住眼下时机，适应当前的社会是远远不够的，还必须把握未来发展的时机。因此，发现和创造新知识的能力是引导现代社会发展的关键。为了实现自我的终身学习和创造活动，我们的重点必须从"学会"走向"会学"，即培养一种创新性学习能力。

学会怎样学习，比学习什么更重要。学会学习是未来最具价值的能力。"学会学习"更多地是从学习方法的意义上说的，即有一个"善学"与"不善学"的问题。"不善学，虽勤而功半"；"善学者，师逸而功倍"。善于学习、学习得法与不善于学习、学不得法会导致两种不同的学习效果。所以，掌握"正确的方法"显得更为重要。

学习的方法林林总总，举不胜举，本丛书从不同角度对它们进行了阐述。这些方法既有对学习态度上的要求，又有对学习重点的掌握；既有对学习内容的把握，又有对学习习惯的培养；既有对学习时间上的安排，又有对学习进度上的控制；既有对学习环节的掌控，又有对学习能力的培养，等等。本丛书理论结合实际，内容颇具有说服力，方法易学易行，非常适合广大在校学生学习。

掌握了正确的方法，就如同登上了学习快车，在学习中就可以融会贯通，举一反三，从而大幅度提高学习效率，在各学科的学习中取得明显的进步。

热切期望广大青少年朋友通过对本丛书的阅读，学习成绩能够有所进步，学习能力能够有所提高。

本丛书编委会

目 录

引　言

　　阅读，就是读书，它是对文字或信息进行感观认识的一种行为方式。阅读不只是表现在表面上的看，在看的同时，大脑还会对知识信息进行读取、加工、整理，会进行感知、思考、推理、分析、发现、想象、评价和解决问题等一系列复杂的心理过程。阅读是人们在工作、学习生活中获得基本知识技能所不可缺少的重要学习方式，也是人们娱乐、消遣的重要方式。人们一生中掌握的大量的知识、技能，很多都是靠阅读获得的。人们通过不断的阅读吸纳知识，并将它转化为自己知识结构和能力的一部分，从而提高自己的知识、能力；人们还通过对知识内容的阅读学习，进而把它们运用在现实生活中，借鉴到自己的学习、发明、创作中去；阅读还能陶冶人们的情操，增长见识，放松精神，令人心旷神怡。

　　在现代社会，阅读能力仍然是一种极其重要的能力。许多国家都不约而同地大力推广阅读运动，尤其是儿童阅读，而且把阅读的年龄降至学前阶段。世界各国为什么那么重视阅读？道理其实很简单。愈来愈多的科学研究发现，通往成才的必经之路在于阅读，阅读是最直接、最有效的学习途径，人类80％的知识都是通过阅读获得的。早期阅读更被称为"终身学

1

习的基础、基础教育的灵魂"。最新的脑科学研究发现，阅读和想象力、创造力、感受力、理解力、记忆力都有极大的关联。从某种程度上说，阅读能力决定了孩子未来的命运。

纵观古今中外，大凡事业上有成就的人，无一不和书有不解之缘。然而，书海茫茫，书山巍巍。有的人善走水路，有的人独辟蹊径，每个人都有不同的阅读方法，他们在学海里踩出了知识的浪花，在书山上留下了自己攀登的脚印。

实践证明，同样是阅读，但取得的收获和效果却大不一样。这好比做菜，厨师能使之成为艺术，而一般人只能是将其做熟而已。由此可见，能阅读和会阅读并不是一回事。有的人是因为好奇而阅读，有的人是为了好胜而阅读，有的人是为了实现自己宏伟的目标而阅读，有的人只是为了打发时间而阅读。

无论是抱着什么样的想法，只有讲究科学的阅读方法和熟练的阅读技巧，才能提高阅读的效率。从春秋时期孔子韦编三绝，到科学技术迅猛发展的今天知识激增、信息爆炸，谁也不可能读完世界上所有的书籍。不少人因为读书不得法，影响到阅读的积极性；有些人甚至怀疑自己接受信息的能力，苦于阅读不得法而事倍功半。这就更加显现出阅读方法和技巧的重要。

为了有效地阅读，掌握方法与技巧至关重要。这也正是我们编写本书的目的所在。

第一章　阅读是一门艺术

　　我们都在阅读，但不能说我们都会阅读或善于阅读。善于还是不善于阅读，效果大不一样。会阅读者，讲究阅读方法，可从中吸取很多有用的知识；不善于阅读者，不讲究方法，虽读过却无收获或收获甚微。俄国著名作家果戈理的名著《死魂灵》中有个名叫被什加秋的人，他嗜书如命，什么书都读，一会儿读小说，一会儿读化学，不管是哪类书，能否读懂，都拼命地读，为阅读而阅读，乱读一气。结果辛辛苦苦读了一辈子书，混沌的头脑里塞满乱七八糟的东西，什么有用的知识都没学到。俄国大文学家高尔基仅上过几年小学，且生活在极其艰难困苦的环境里，但通过发奋读书，自学成才，写出了许多不朽的文学著作，成为著名的大文豪。可见会不会阅读，结果大不一样。

　　如何才能有效地阅读，可能并没有统一的模式可言。但是，有一些阅读的基本原理和方法还是普遍存在的，比如，阅读要有目的，要注意时间的统筹，要坚持基本的读书原则等等。

第一节　阅读要有目的

　　曾经有一位特别喜欢读书的美国少年，在火车上卖报为生。火车一到站，他就钻进附近的图书馆看书，从第一个书架开始，一本接着一本地阅读。他有一个远大的目标，就是要把这个图书馆里的书全部看完。直到有一天，一个常到图书馆看书的绅士告诉他，那样读书浪费的是时间和精力，经济有效的读书方法应该是先确定好目标，然后有选择地读书。从此以后，这位少年朝着目标，努力读书，最终有所成就，成为著名的发明家。这位少年就是爱迪生。

　　现代社会是知识激增和信息爆炸的时代，无论是知识的增长、更新、淘汰都在以前所未有的速度进行着。在我们的社会，书籍、报刊、资料的数量按指数增长，因此我们的阅读也面临着新的挑战，我们绝对不可能读遍所有的书籍，而是必须带着明确目标，有选择性地朝着某个确定的方向上努力。

　　阅读必须要设定目标。以科学杂志和学术文章为例，现在我们的发行量是50年前的2倍，比150年前更是增加了1000倍。然而，我们今天的大多数人的阅读速度，仍然是100年前的水平，每分钟只能阅读两三百个字。这显然是不能满足现实生活中对知识、信息的高速发展变化的。"到什么山，唱什么歌"，我们要不使自己在信息的海洋里被知识淹没，就要变化。对于青少年学生来说更是如此。

阅读很多的书本身并不是过错。如果一个人能在空闲时间多看各种书籍，接触各种事物，是一件好事。爱因斯坦是一个伟大的物理学家，但是他非常喜欢看小说，有着很高的文艺和哲学修养。另一位诺贝尔奖获得者、物理学家格拉索也很喜爱文学和历史书籍，他道出了其中的奥秘："涉猎各个方面的知识，可以开阔你的思路。如看看小说，逛逛公园也有好处，可以帮助提高想象力，它和理解力、记忆力同样重要。"

但是人的读书生涯是有限的，而知识却是无限的。在浩瀚的知识海洋中，漫无目的地学习，就好比大海捞针，耗尽终生，也是徒劳无功。为了获得有益于自己的知识，我们在读书的时候应该把知识划在一定的范围或领域内，这样化无限为有限，就能很好地实现增长知识的目的。同时，有针对性、有计划性地选择阅读，把广博和精深很好地统一起来，做到广而不散，深而不窄。

对于学生来说，由于学习是主要的任务，因此阅读的对象就应该是以教材为主，据此来确定自己阅读的目标、任务，严格按照教学目标、规律来进行。学生的主要精力和主要时间应该花在完成学业上，在学习过程中，牢牢把握教科书上的基础知识，打下坚实的基础，然后在此基础上展开阅读范围。

阅读要有目标、有计划，就要制定正确的阅读计划，这是获得良好阅读效果的保证。但是阅读计划、阅读范围的选择和确定并不是一件容易的事。我们面对知海书林，哪些宜背诵，哪些宜精读，哪些又宜粗读，哪些又不宜读呢？如果是教科书及其参考书，我们应该以老师指导为主，或向有经验者咨询意见；如果是课外读物，则可以以行家推荐的名著名篇为主。

读书可以消遣，可以增长才干，可以励志，但是读书最忌没有目的，没有计划地乱翻乱看。有的学生，很喜欢看书，一见书也不管好歹，拿起书来便啃。结果读书无数，学到的知识却不多。而且，有些书对青少年还有负面影响，有毒害作用，如果不加选择地去读，很可能误入歧途。别林斯基曾经说过："阅读一本不适合自己阅读的书，比不阅读还要坏。我们必须学会这样一种本领，选择最有价值、最适合自己阅读的读物。"

阅读，要注意阅读对象的选择。美国著名科普作家伊萨克·阿西莫夫在他的《数的趣谈》中曾这样写道："几天前，我把一本新的生物学教科书通读了一遍，发觉它写得十分动人。可是不幸得很，我再把该书的前言读了一遍，这一来，就使我深深陷入了忧虑之中。现在不妨把前言的最前面两段文章在这里摘录几句吧：我们的科学知识每隔一代便增加 5 倍……从目前科学进展的速度来看，我们今天重要的生物学知识大约是 1930 年的 4 倍，是 1900 年的 16 倍。以这样的速度增长下去，到 2000 年左右，生物学所包含的知识就将为本世纪初的 100 倍。在我读到上面所摘录的那些文字的时候，我觉得世界好像在我身边崩溃了。……不久以后，我们都会死于有害健康的教育，让种种事实和概念塞满我们的脑细胞，达到无法消化的地步，让我们的耳边爆发出阵阵资料的暴风。"

面对如此令人困扰的现实，怎么办？阿西莫夫的战略是：忘记它！删除它！

那么该如何忘记它、删除它呢？

首先是要选择第一流的书。因为第一流的书中集中了大量的最有价值的信息，选择了第一流的好书便意味着在阅读之前就删除了大量无用的信息。如果一个人总是徘徊在二、三流的书籍中，不但会浪费大量的时间和精力，而且最终也只能达到三、四流的水平。

当然二、三流的书中也蕴藏有一些有益的信息，但正如荷兰哲学家斯宾诺莎所言："至关重要的问题不在于这个或那个知识有无价值，而在于它的比较价值。人们总认为只要提出某一些科目给了他们某些益处就够了，而完全忘了那益处是否充分，还应该加以判断。"之所以要选择第一流的书，是因为我们总是希望用最少的时间获得最多的有益信息。

但是，仅仅是选好书还不够，因为即使是一篇划时代的文献，里面的所有信息也不全都是你需要的。当你研究一个课题或思考一个问题时，你所需要的信息就集中在某一点上，一切与此无关的信息都是无用的。

如果你把所有的信息都阅读一遍，不仅浪费时间，而且连你所需要的信息也可能会被淡化或淹没在纷杂的信息海洋中去了。此时你只需借助该书的引言、目录和内容索引，直接在这些信息所在的章、节里找出你所需要的信息来。因为，每本书的引言、目录和索引，都最集中地表明了该书最有价值的信息，它们可以很快导引你去寻找你所需要的各类信息的藏身之处。

现代社会为鼓励这种阅读方法而做出的最典型的努力就是"文摘"的大量产生。据统计，1926～1946 年的 20 年里，仅是研究锌的著作比以前的 200 年间总和还多 2 倍。因此要了解最新信息便只能借助于"文摘"或论文检索，甚至还产生了专门从专利登记表中进行引发自己思维的创造技法，由此可见这种删除无用信息的做法的重要性。

阅读，要坚持一定的方向。1935 年，希特勒在德国扩充军队，加紧准备发动第二次世界大战。就在这个关键时刻，英国作家雅格布写的一本小册子《德军的实力分布》出版了。

在这本小册子中，雅格布详细地介绍了希特勒军队各军种的详细情况，甚至还谈到新成立的装甲师里步兵小队的具体人数、德军参谋部的人员组成，以及160个主要指挥官的姓名和简历等等。

希特勒得知军机泄露，暴跳如雷，下令即刻追查。德国情报部门想尽一切办法把雅格布绑架到了柏林。当审问这些情报资料的来源时，雅格布的回答竟使情报部门的官员大吃一惊。

原来，雅格布是从德国公开发行的报刊上得来全部材料的。由于雅格布早就打算写这样一本小册子，所以他长期以来特别留意德国报刊上刊登的有关希特勒军事方面的报道，就连丧葬"讣告"或者"结婚启事"之类的也不放过。

比如，有一次他从德国报纸的一个简短的"讣告"中，得知德军驻纽伦堡某师团的指挥官是谁。在另一条"结婚启事"里，他得知新郎是一位少校军衔的信号军官，其岳父是某师的上校指挥官，如此等等。经过几年的努力，他终于在小册子里基本真实地描绘了德军的组织状况。

德军情报部门闹的笑话说明了雅格布写作的成功，而雅格布的成功又在于他这种围绕一个问题进行定向阅读的方法。

事实上几乎所有的学者、科学家、作家无不自觉地采用了这种阅读方法。特别是对于自然科学研究方面更是如此，几乎没有一个科学家不是围绕自己的研究课题进行查阅检索的。如果一个人不是带着自己的目的去阅读，无论他读多少书也不可能有所创造。

据说有一个叫亚克敦的英国人，嗜书如命，他书房里有7万卷书，每一卷都留有他的手迹，他活了66岁，始终乐此不倦。可是计其一生竟没给后世留下什么东西，就像戈壁沙漠，汲干了江河流水却不能将一泓清泉喷到地上来，以致被后人讥之为"两脚书橱"。

在现代"信息爆炸"的社会里，一个人既不可能继承前人的全部知识，也不可能掌握现代人的所有创造，因此他的阅读就应该具有高度的选择性，他必须采取定向阅读的战略。

定向阅读的特点是，当你研究某一问题遇到困难时，不是泛泛地去读一些与这个问题无直接关系的书，而是有针对性地从有关书中去寻找这一问题的答案。答案找到了，问题将随之解决，其余的则作一般涉猎，或者暂时撇开不管。

定向阅读的优点是目标明确，注意力易于集中，从而理解也必然深刻一些；节约时间，不使自己的精力消耗在那些对自己无用的文字上面；学用结合，能收到立竿见影之效。

例如，法国科幻小说作家凡尔纳，为了写《八十天环游地球》一书，在确定好内容和构思好故事情节以后，便从各种书中去搜寻写这本书必须了解的各国火车时刻表以及地理知识和风土人情等材料，从而很快完成了这本书的写作。

庄子有句名言："吾生也有涯，而知也无涯。以有涯随无涯，殆也。"就是说，人的生命是有限的，而知识是无限的；以有限的生命去追求无限的知识，是很危险的。在浩瀚的知识海洋中，漫无目标地学习，好像大海捞针，耗尽终生，难有收效。为了获得有用的知识，我们可以把知识划在一定的范围或领域内。即变无限为有限，用有限的时间去探索有限的知识，就较容易获得成功。这就需要制定个人定向阅读策略，有选择地学习，根据社会需要和个人情况，了解整个知识体系，认清将要从事的专业知识的具体结构，经过周密考虑，确定明确的攻读目标，并持之以恒地向目标进发。定向阅读策略能够使时间、精力和能力产生"聚焦"效应。

总而言之，就是读书要有目标，要有计划。为了达到某一目的而有意识地组织自己的阅读，它是获得良好阅读效果的重要条件。

明确学习目标，制定正确的阅读计划，也不是一件容易的事，同学们可以在教师或有经验者的帮助下不断修正，逐步明确。刚开始时不妨将阅读目标定得近些，具体一些，主要围绕着为学好各门课程服务。随着知识积累，读书目标可以定得大些，考虑得长远些，它可能不再单纯地为学好课程服务，也不仅仅为个人兴趣左右，而是将阅读目标与人生目标联系起来。许多伟大的成功者都是在中学时期确立了自己的人生目标和攻读战略方向。著名数学家陈景润在中学时期就确立了献身数学的人生目标，人们从他中学时期的借书卡上发现，他那时就开始研读大学的数学课本，他的定向攻读策略为日后的成就奠定了基础。

第二节　阅读要统筹时间

阅读，需要对时间进行统筹。时间对于我们每个人来说是最公平的——它赐予我们谁也不多，谁也不少。然而每个人在时间的管理和使用上，却不尽相同。合理地安排、有效地利用，可以给你带来知识和智慧，

可以带来财富和幸福。反之，时间就会抛弃你、惩罚你，给你留下惆怅和懊丧。因此，在阅读中注意对时间合理安排、充分利用是必不可少的。那么，我们应该如何去合理地安排与利用时间呢？答案就是要做到对阅读的时间进行统筹，具体来说，就是要设计阅读时间利用表，充分利用零碎的时间进行阅读，并且注意选择掌握知识的最佳时间点。

这里说的阅读时间利用表，不是简单机械的阅读用时分配，而是科学地安排时间和以顽强的意志争分夺秒地利用时间这两者的有机结合。要根据所选定的目标明确自己的主攻方向，从而确定要使自己的知识水平达到什么程度，在某个领域内准备有哪些突破和建树？最终创造的成果是什么？之所以设计一个阅读时间利用表是因为要在时间利用表的规划内，有一个明确的读书目标，使自己在每年、每一个月甚至每天都有一个可遵循的轨道，而不至于迷失方向。

设计阅读时间利用表，要考虑4个方面的因素：

（1）本职工作的性质与读书内容之间的关系。

（2）所选图书的学科专业特点。

（3）个人的生活方式、习惯与体力、脑力的竞技状态。

（4）阅读的环境与条件。

通过全面分析和综合考虑这些因素，看看自己对时间的安排与利用有哪些优势，如果阅读的内容正好与本职工作直接相关，就等于成倍地增加了自身的阅读时间。假如阅读完全占用的是业余时间，那就应根据专业的需要和特点，结合自己生活、学习的习惯来安排时间。若阅读的环境和时间的条件极差，则更应在运筹的实践中，设计出自己的独特的时间利用表。

另外，要严密地计划时间。

俗话说，吃不穷，穿不穷，计划不到才受穷。人们工作有计划，花钱有计划，但时间支出却往往无计划。没事干的时候，时间白白溜掉了，需要时间的时候，又偏巧没有了时间。这是时间利用上最大的漏洞。

前苏联著名昆虫学家柳比歇夫在平时工作、读书中非常注意核算计划自己的时间。他把每天有效的时间算成 10 个小时，分为 3 个单位或者 6 个"半单位"，正负误差 10 分钟。再把本身的学习工作任务分成两大类：第一类为中心工作，包括攻读、研究、写作笔记等。第二类为间接工作，包括开会、听报告、读文艺作品等。除了最富于创造性的第一类工作不限定时间外，所有可计算的工作量，都必须在规定的时间内完成。

柳比歇夫从 26 岁那年起便采用时间统计法，把每天读哪些书、用多长时间，都事先规定好，到晚上再核算时间是如何用掉的，一天一小结，一月一大结，年终一总结。一直坚持到 1972 年他逝世那一天，从未间断。

通过这种严密的时间计划，有效地保证了他每一小时的时间都得到了充分利用。柳比歇夫先后发表了 70 多部学术著作，写了 12500 页的论文和专著，内容涉及昆虫学、科学史、农业遗传学、植物保护等，可谓硕果累累。

某大学的经济系研究生朱玲，也不失为这方面的一个典范。她平时很注意自己生活、学习、娱乐的规律化，专门备有个"账本"，记载每天在专业研究、基础课学习、文化娱乐、体育锻炼、社会交往等项目上各用了多少时间。晚上临睡前用 8 ~ 10 分钟进行小结，检查每天对时间利用得是否经济合理。这样做的效果极明显，起到了监督和提醒的作用。

有一段时间，她发现自己每天的学习时间下降到规定的 10 小时以下。一查账本，发现是由于课后的一个半小时，被回到宿舍与舍友的聊天和干杂务事而大块地侵占了。于是便采取到阅览室去看书或做作业的办法，堵塞了这个漏洞。结果，她利用堵塞漏洞的时间写作出版了《学习漫谈》、《（资本论）纲要》两部专著。

由此可见，时间是一个常数，在勤奋者面前，它又是一个变数，就看你计划安排得是否合理。善于计划安排时间的人，能使每一分每一秒都能得到充分利用。

达尔文曾说过"我从来不认为半小时是微不足道的很小的一段时间。"我们经常听到人们说自己没有时间读书，因为大块大块的时间都是用来工作或是学习了，剩下来的都是一些细碎的小时间。其实，这些细碎的小时间虽然很零碎，不起眼，但是如果把这些零碎的时间合理地使用起来，也是很了不起的。

著名数学家苏步青，在年逾古稀的时候，身兼数职，社会活动很多，却仍能抽出时间著书立说。当别人问他哪来的这么多时间，苏步青回答说："我用的是零布头。做衣裳有整体固然好，没有整段时间，就尽量把零星时间利用起来，天天二三十分钟，加起来可观得很。"有人算过这样一笔账，每人每天可支配的零碎时间约有 2 小时，如果加起来，一年就是 730 个小时。假如一个人活 60 岁，从 20 岁算起，40 年间就有 29000 多个小时，相当于读 8 年大学的时间。可见，零碎的时间在我们读书学习中是多么重要的一部分。

选择掌握知识的最佳时间点也非常重要。在一天之中，读书时间和读书效果有很大的关系，但并非读书时间用得越长，效果就越好。因为效果的好坏不是由时间长短而定的，而是取决于人体大脑是否在最佳显效兴奋状态之中。如果大脑处于最佳显效兴奋状态之中，思维活跃，头脑灵通，读书效果就好，如果大脑处于疲劳之中，思维滞缓，情绪懈怠，学习效果就差。

那么，一天中一个人的大脑究竟在什么时间显效最佳呢？英国学者经过对人体大脑测试后发现，在一天 24 小时中，人的大脑有 4 次最佳显效的"黄金时刻"。

第一次是 4 ~ 6 时。所谓一日之计在于晨，指的就是这一大好时间。9 ~ 11 时，此时大脑注意力强，记忆力好，是第二个黄金时刻。17 ~ 19 时，人们嗅觉和味觉达到最好状态，脑力、体力和耐力又进入一个高峰期，这是第三个黄金时刻。20 ~ 21 时，脑力又处于活跃时期，是一天中第四个黄金时刻。

对这 4 次黄金时刻，选择哪一个时间作为自己的最佳点，就需要根据自己的生活习惯、客观环境条件以及生物钟的规律来选择确定了。

如果你感觉清晨能全神贯注，头脑清醒，那么你就把艰深的学习内容和创作安排在此一日之晨；如果你感觉夜间精力充沛，思维敏捷，那就充分利用夜晚的黄金时间，挑灯夜战，甚至通宵达旦；如果你无论是白天还是夜晚都能够保持旺盛的思考力，适应各种环境，那就恰当安排自己的睡眠和休息，使头脑得到松弛，以换取更充沛的精力学习和工作。总之，具体选择哪段最佳点，要因人而异，要遵循人体周期的规律，大可不必刻意去固定哪段时间进行阅读，否则将会适得其反。

合理地安排时间，就等于节约时间。有计划地安排时间，就能获得更多的知识。

第三节　阅读要循序渐进

循序渐进是读书治学的一条客观规律，应该遵守，不得违背。要做到循序渐进，必须克服贪多求快、急于求成的偏向。科学是老老实实的学问，要掌握它，必须日积月累、细水长流，切忌急躁情绪。一个概念，一段文章，往往不是一下子就能深刻掌握的。好像吃饭，要一口一口吃，细嚼慢咽，才便于消化吸收。贪多求快难以甚解，易成囫囵吞枣；贪多求快难以守恒，易成半途而废。要知道，违背读书规律，欲速则不达。好高骛远，企图一口吃个胖子，一锹挖口井，一蹴而就，是决然不能奏效的。我国古代的学者大都强调，读书一忌快、二忌多、三忌腻，主张循序渐进、锲而不舍，真正把知识学到手。

循序渐进，必须打好基础。基础知识好比盖楼房时的地基，地基越结实，可盖楼房的层数就越多，地基不牢，不要说不能建高层建筑，一般楼房也会倒塌。各行各业都有自己的基本功和基础知识。我国古人读书，先背诵一些基本书籍，用它作为进一步学习的基础。研究一门科学，掌握基础知识是起码的条件，不打好基础，就好像树没有根。比如，中学阶段的各门课程，都属于基础知识的范围，学生们都应该注意学好这些基本

15

课程。

古往今来，但凡研究读书之道的书籍或文章，无不提及"循序渐进"的读书方法，这种方法也一直为古今中外历代学者所重视和倡导。这是为什么呢？大概是因为书中知识体系的内在逻辑所呈现出的由低到高、由浅入深、由简至繁的发展规律所决定的吧。而如果给这个规律以形象的比喻的话，就如同我们平时所进行的登山活动一样。

人们登山时，就是从山脚下开始，经过一步一步地由山脚下循序到山腰，又由山腰渐进至峰顶的过程，最终一览众山。

这个登山的过程便是循序渐进的过程，其过程揭示了一个道理："登峰至极山下起"。

读书也是这个道理。所谓循序，就是遵循知识发展的内在逻辑和客观规律；所谓渐进，就是由低层次知识到高层次知识，由浅入深，由点到面的读书、求知与深造。循序渐进读书法，既符合知识的结构原理和逻辑体系，也符合人们获得知识、认识世界、改造世界的发展规律。

我国古代"拔苗助长"的笑话，说的就是一个愚人嫌麦苗长得慢而去将小苗拔高的故事。结果，虽然从表面上看虽然麦苗是高了一些，实质上却使之大伤元气，枯萎而死，最后落得一个颗粒无收的下场。这个故事形象地告诉我们欲速则不达的道理，倘若不遵从事物发展的客观规律，必然会受到无情的惩罚。

从人们探求知识的规律来看，也必须遵循循序渐进的原则。最初人们认为构成物质的基本成分是分子，继而又认识到原子是不可分的最小单位。到后来，又发现原子是由电子和原子核构成的。而现在，随着科技的发展，已经获知原子核是由中子和质子组成的。物质构成的由外至内的客观规律，决定了人们认识上的由浅入深的发展。而如果不按照循序渐进的原则，必然违反人类认识的规律，那么人们对客观世界的认识及对知识的求知与深造就无从谈起。

我国著名科普作家高士其就说过读书要循序渐进，应该由近而远，由小而大，由简而繁，由低到高。第一步不搞清楚，就不要去搞第二步。不要好高骛远，不能急于求成。任何一门知识都有其内在逻辑和规律，所以人们读书求知也要有一个由浅入深的渐进过程。

那么，如何做到循序而渐进呢？

首先，要打好坚实的基础。每一门科学都有它的基础知识，都有先修后继的书目次序，因此，入门务必先学好它的基础知识，遵循科学的学科结构之序，掌握学科的知识体系和层次关系，注意新旧知识的前后联系，以利于按照规律逐步渐进地学习提高。

意大利文艺复兴时期的著名画家达·芬奇，从 14 岁起开始学习绘画。他的老师弗罗基俄天天让达·芬奇学画蛋。时间一久，达·芬奇就不耐烦了，埋怨老师："天天如此地画，能画出什么呢？"

弗罗基俄于是耐心地开导他："如果你认为画蛋很容易，那就错了。事实上，在一堆蛋中，其形状也是各不相同的，即使是同一个蛋，从不同的角度看，投来的光线不一样，画出的蛋也不尽相同。画蛋是基本功，若要成为一名艺术上有成就的画家，就要从基本功学起，而且这个基本功必须学好。"

在老师的严格指导下，达·芬奇孜孜不倦地苦练基本功，画了 3 年蛋，

为以后绘画打下了坚实的基础。终于使艺术技巧达到炉火纯青的境界，从而创作出《蒙娜丽莎》、《最后的晚餐》等不朽的艺术作品。

著名数学家华罗庚为打下数学课程的基础，用了五六年的时间。华罗庚最初自学时，由于基础打得不牢，结果使所学的知识成了"夹生饭"。这个教训使他领悟到，急于求成看似很快，但却容易使基础虚而不牢，不符合读书的辩证法。于是，他就宁肯比在学校里学得慢些，练习做得多些，用了五六年的时间才学完高中课程。这个过程看起来似乎学得慢了些，但"磨刀不误砍柴工"。由于基础学得扎实，所以后来华罗庚到清华大学不久，就听起了研究生的课了。

古今中外众多名家们的成长经历进一步说明，基础是提高的前提和必要条件，基础不扎实，就是大科学家也难以取得成绩。

其次，要注意知识的积累与渐进。阅读渐进需要有质的提高，同时也需要有量的积累。任何一门科学知识，都是从无到有，由少至多，一点一滴积累起来的。必须经过循序渐进、从量变到质变的过程。

著名生理学家巴甫洛夫所创立的关于高级神经系统规律的学说，就是经过了几十年的艰辛劳动，掌握了大量材料，进行逐步长期研究的结果。对此，巴甫洛夫认为："要循序渐进，循序渐进，循序渐进。你们从开始工作起，就要在积累知识方面养成严格循序渐进的习惯。"巴甫洛夫如此强调循序渐进，其道理是十分明显的，那就是高深的学问，要从最基础的知识积累渐进而得。

知识积累在循序渐进的读书过程中，作为基础固然十分重要，但我们在知识积累的同时，更要重视知识的渐进与提高。因为积累只是渐进的手段，而不断渐进至学科的顶峰才是读书的最终目的。

只有渐进，才能达到质的提高，才能产生认识上的飞跃。而且，知识的连贯性与继承性也迫使求知的人读书时必须采取渐进的方式。

如果只积累不渐进，就会停滞不前，辛苦积累的知识最终也会成为过时的"知识垃圾"。

例如，我们在学习语言时，最初由语音开始，而及生字，然后学习词组，再学习句子。按照语言知识的有序性，由简至繁，由低层次知识到高层次知识，逐渐提高语言能力直至学会写作文乃至创作出鸿篇巨制。

我国电光源专家蔡祖泉只读过三年小学，在自学过程中，他遵循循序渐进的原则，首先补习了初中数理化及外语的课程，接着，又补习了高中全部课程。在此基础上，他全身心地投入到大学的电学课程。就这样，通过依序的渐进，他边学习边实践，最终学有所成，所研究的一个又一个成果在渐进的过程中得以实现。

与之相反，英国著名物理学家牛顿，少年时代曾有过一次难忘的教训。牛顿在学习欧几里得《几何原本》时，认为书中多是一些常识性的内容，便弃而放之，越级跳过。他想走一条捷径，学起了高深的《坐标几何学》来。结果，他在接受德利尼奖学金的考试中，成绩一塌糊涂。

从蔡祖泉的成功之路和牛顿的失败教训中我们可以看出，不遵循循序渐进的原则，想一步登天，越级求进，急功近利，必然要尝到失败的苦果。可见，读书遵循渐进的原则在读书提高的过程中有多么重要。

生理学家巴甫洛夫曾经告诫青年朋友说："你们在想要攀登科学顶峰之前，务必把科学的初步知识研究透彻。还没有充分领会前面的东西时，

就决不要动手搞往后的东西。"科学家的忠告使我们悟出一个道理，即在读书生活中，务必遵循科学的读书方法，一书已熟，方读一书。

总而言之，循序渐进是一种按照知识的逻辑体系由低到高、由简至繁、有系统有步骤的科学读书方法。我们应当学会并正确掌握运用这方法，从而在读书时做得更好。

第四节　阅读要注意比较

一次，唐代诗人李白游至黄鹤楼，凭栏远眺，激情满怀，诗兴大发，但抬头看见诗人崔颢的题诗《黄鹤楼》，自愧不如，便写了"眼前有景道不得，崔颢题诗在上头"的千古名句，辍笔而去。正像戏剧家梅兰芳先生所言，好和坏是比出来的，眼界狭隘的人自然不可能知道好的之上更有好的，不看坏的也感觉不出好的可贵。

读书也是要进行比较的，只有通过比较，才能分辨优劣高低，才能鉴别良莠差异。正如古人云，"独学而无友，则孤陋寡闻"、"善学者，假人之长补其短"。

用互比法读书，可以使阅读不再仅仅局限于接受性的思维活动，而是同时调动起回忆、对比分析、鉴别以至进行新的推理和新的想象等多种思维功能，互比读书法是一种能动的读书方式。

互比读书法，从比较的范围上来看，有宏观比较和微观比较。宏观比较是多角度、多层次的综合比较；微观比较是单项的局部的比较。

阅读的方法与技巧

互比读书法，从比较的形式上看，又可以分为纵向比较和横向比较两种。

纵向比较就是对某一专题不同时期的著作的比较，如对唐、宋、元、明、清不同时期诗词的比较等。通过对知识不同发展时期的比较，就能发现新旧知识的差异。寻找新旧知识之间的继承、发展关系，从而解决旧知识未能解决的难题，促进科学的进步和繁荣。

横向比较指在同一时期或同一标准下不同著作的比较。如对李白、杜甫、白居易的诗的比较等。横向比较有助于我们对一定历史时期的某种知识作深入全面地了解，并从中了解个性，把握共性，发现规律。

互比读书法，从比较的内容上看，有以下几种形式：

（1）题材比较法。题材是作品中具体描写、体现主题思想的一定社会、历史的生活事件或现象。相同的题材，其主题可以不同。用"题材比较法"读书，会更好地审题立意，写出好的、有特色的文章。

（2）体裁比较法。体裁即是作品的"样式"。同一个题材，可以用不同体裁来表现。这种比较，可以锤炼我们根据不同的文体特点，确定写作重点的能力。

（3）主题比较法。同一题材立意不同，中心也就不同。用主题比较法，能促进我们审清文章立意，加深理解。

（4）人物比较法。同一作品中的人物可以比较，不同作品中的人物也可以比较，这有助于我们在写作时描写刻画人物。

（5）特色比较法。写文章，都是从作品内容出发，采用与之相应的表现手法。如在人物刻画上，或以肖像刻画取胜，或以心理描写见长；在线

索安排上，有的明暗交错，有的虚实相间。通过比较，总结出各自的特色，有利于启迪读者的思维。

（6）分析比较法。每个作家都有其个性，个性形成了作品的风格。

分析比较，就能抓住特色，领会精髓，提高阅读效率。法国哲学家笛卡儿说："最有价值的知识是关于方法的知识。"让我们掌握好互比读书法这把读书的钥匙，去打开知识的宝库吧。

第五节　阅读在于浓缩精华

不同的书有不同的含金量，含金量高的书，第一言之有物，传达了独特的思想或感受；第二文字凝练，赋予了这些思想或感受以最简洁的形式。这样的书自有一种深入人心的力量，使人过目难忘。

我们在读书的过程中对阅读的材料也是如此，要去粗取精，提炼浓缩，找出最重要的、最有价值的内容加以钻研。作家秦牧对此曾有过精辟的见解，他说："读过的书得择要在心里储藏起来，使它真正成为自己精神上的财富"。这里"择要储藏"的过程，实际上就是"浓缩"的过程。

浓缩式的读书法和做笔记、摘要、卡片有密切关系。做读书笔记实际上就是一个把阅读材料加以浓缩、提炼的过程。

笔记不应该仅仅是原书的简缩本，而应该是经过反复考虑和斟酌挑选出来的重心、核心内容。摘要法是抄读的一种常用方法，主要是把阅读后认为是重点的部分、有资料价值的部分记录下来，这样做，既能积累知识，储存资料，还能使理解加深，记忆牢固。卡片法是指用做卡片摘录资料来辅助阅读的种方法。这些内容应该如爱因斯坦所说的："在阅读的书本中找出可以把自己引到深处的东西。"

浓缩记忆法也是浓缩读书法的一种形式。主要是把一些复杂的知识进行简化，用具有代表性的字或词改成简练的语句，来进行记忆。浓缩记忆法的关键在于寻找具有代表性的字或词，这些简练的语句能起到提示作用，使记忆的知识像串珠一样被由点带线地回忆起来。

比如，为记历史上秦末农民战争的原因，则将其概括为"税重、役多、法酷"。氧化还原反应规律："物质所含元素化合价升高的反应是氧化反应，该物质是还原剂，物质所含元素化合价降低的反应是还原反应，该物质是氧化剂。"这段话记忆起来很不方便。如果浓缩成"失－氧－还，得－还－氧"，意思是"失电子（的物质）被氧化了－（该物质即是）氧化剂"。这样，复杂的氧化还原规律经浓缩既容易理解，又容易掌握。

还有一种更广义的浓缩，它表现在选择读物上。前人留下那么多书籍，读遍是不可能的，只能加以精选。

英国诗人柯勒律治非常形象地把读书方法比喻为四类：第一类，好像计时用的沙漏，注进去，漏出来，到头来一点痕迹也没有留下；第二类，好像海绵，什么都吸收，不会消化；第三类，好像滤豆浆的布袋，豆浆都流走了，只剩下豆渣；第四类，好像宝石矿工，把矿石挖出来，然后去粗取精，选出宝石为我所用。

第四种方法就是一种浓缩精华的方法，著名物理学家爱因斯坦读专业书籍就是用的这种方法。他把这种读书方法称为"淘金法"。其实也就是

去粗取精法。就像沙里淘金一样，把有用的"金子"留起来，而将那些无用的"沙子"统统扔掉。

在从事物理学研究和创造时，爱因斯坦大量阅读了伽利略、牛顿等前辈物理学家的著作。这些著作已经历了几百年的历史，其中有些观点与19世纪物理学中的新发现产生了矛盾。于是爱因斯坦如淘金一般，抛弃了那些已经过时的东西，吸取了一些有益于自己从事的研究中的东西，建立起一整套自己的理论体系，创造了全世界瞩目的"相对论"，为科学的进步做出巨大的贡献。

由此可以看出，去粗取精的浓缩阅读方法对爱因斯坦在物理学领域中的成功起了举足轻重的作用。所以说，一个人在学习和工作中取得成功与他选择恰当的读书治学方法是分不开的。在无数的读书方法中，要善于运用；在长期的实践中总结或创造出最适合于自己的读书的方法，这是非常重要的。

作家吴强说，"我看书有个习惯，那就是得到什么书都看，不好的，看看丢掉，觉得好的，就一看再看，这样可以接触到多种多样的知识。"其实这也是一个去粗取精的过程。

为什么在选书的时候也要去粗取精呢？

这是因为书海茫茫，而人的时间和精力却是有限的。因此，选择书很重要。如果不加选择，读的是一本没用的书，甚至是一本坏书，那就不只是浪费时间，有时还接受一些错误的东西。到底读什么不读什么？这就用得着去粗取精的浓缩阅读方法了。要在众多的书籍中，选取精华的书，抛弃那些糟粕，在沙里淘金，才能为读好书打下基础。

去粗取精的浓缩阅读方法，就其性质而言，是运用内部语言对书中内容进行简缩的读书方法，有人给这种方法归纳为以下几类：

（1）扫视法。把按字按词的阅读变为按行按段按页的扫视法。由慢而快，先按行速读。最后做到按页扫视。步骤是翻书扫视——合书回忆扫视所得——形成印象。若印象不深，再重复扫视。

（2）搜捕法。在扩大视觉幅度的基础上要学会找目标，即文眼、段眼、句眼及自己所需要的某项内容。

（3）联系法。文章的段意一般表现得较明确：领起句；收结句；中间的中心句。采用此法读书时，要留心这一特点，进行联系，比较分析，从而较准确地把握全段的大意。

（4）借助法。借助文章注释、简介、副标题、小标题、序言、跋、提示等条件，较快较准地理解大意。

（5）摘要法。通过扫视。迅速理出文章的要点，诸如题目，写作背景、文章要素、主要内容、写作特点等。

（6）代替法。通过此法阅读，把段变为句，把句变为词。在阅读过程中，配合思索、分析、归纳，把握大意后进行提炼，使文章变为逻辑联系、高度概括的词。

（7）取舍法。即带着明确的目的去扫视全书，取己所需。就像雷达追踪监测目标一般。敏锐地抓住文中精华，将其他舍去。

总之，去粗取精的浓缩阅读方法的目的要明确。在保证求知质量的前提下，逐步加快，要从实际出发，从读书要求和个人水平的实际出发，要注意通过做笔记、常复习、勤回忆等方式，不断巩固读书的效果。

第六节　阅读在于学用结合

　　阅读的宗旨，最核心的是学以致用。孔子认为，"学"是为了"行"，而且"行"是首要的。孔子还曾强调指出：要"讷于言而敏于行"，强调学与行的结合，即把学到的知识适用到实践中去。用《论语·子张》中的话讲："君子学以致其道。"即"学以致用"。朱熹主张读书要切己体察，"读书穷理，当体之于身。"，就是要心领神会，身体力行。从读书法的角度来看，朱熹强调读书必须联系自己，联系实际，将学到的理论转化为行动。人们所学的知识，只有有效地运用到生活和实践中去，才会发挥其效用。否则，一文不值。

　　书本知识固然是人们实践经验的总结，但是对于读者来说，它毕竟是间接的，没有经过自己亲身体验过的东西。因此单纯从纸上获得的知识就难免流于肤浅。读书只有联系实际，自己亲自体会验证一下，认识才能由浅入深，把书本知识化为自己的血肉。明代医学家李时珍坚持一边读书，一边行医采药，跑遍了祖国的名山大川，最后终于写出了具有极高科学价值的巨著《本草纲目》。清代学者顾炎武，抱定"行万里路，读万卷书"的宗旨，一边读书，一边做社会调查，撰写了具有真知灼见的《天下郡国利病书》。他们都是读书联系实际而取得成就的典范。

　　与阅读追求学以致用相类似的，有一种目的明确、收效直接的读书方法——用而求学读书法，冯英子在谈到他的读书经验时曾说："我的读书生活，其实就是一面工作，一面学习的过程。书到用时方恨少，我是为了用而逼着自己去学的。这种用而求学的学习方法，可以收到立竿见影的效果。"

学以致用和用而求学是学用结合的两个方向，可谓殊途同归，分别强调了阅读的目的是为了实践，而实践又需要不断地进行阅读。

抗日战争开始，冯英子被派到前线去做战地记者。跑战地不同于跑地方新闻，要有地理知识，更要有军事知识。这对于他这个只读了5年私塾的青年记者来说，是一个大的难题。

为此，他如饥似渴地读了一些历史、地理和军事方面的书籍。

1940年，根据历史上几次溯长江西上仰攻四川的失败，冯英子写了篇《论荆宜之战》的文章，论证日军不可能攻入四川。更让人惊叹的是全国解放前夕，冯英子在香港用"吴士铭"的笔名，撰写了大量军事评论，纵观时势，分析胜负，准确有力地抨击了国民党的要害，大大地鼓舞了人民的斗志。

新中国成立后，冯英子转而从事国际问题研究和撰写国际小品文，于是他又开始攻读有关国际问题方面的书籍，包括英国史、美国史、非洲史，特别是第二次世界大战后的有关史料以及有关国际问题的文学作品。通过学习，不仅使他了解了国际形势的发展，也增加和丰富了这方面的知识，给工作带来了许多方便，收获甚大。

可见，用而求学实在是读书学习的一个好方法。俗话说，为学而学，烟云飘过，为用而学，用心揣摩。单纯地为学而学，读过的东西像过眼烟云，很难留下印象。为用而学就会细心揣摩读过的东西，以资借鉴，在头脑中留下深刻的烙印。现在许多参加工作后在学习事业上有所成就的人，几乎都走过这条路。

既然用而求学的读书方法能给我们带来丰厚的收获。那么，我们怎样利用它呢？

学用结合的读书方法要注意边想边读。这里的"想"，即指创作的欲望、创作的构思过程。我们读书的目的，不是为了读书而读书，应学以致用，学用结合。就写作来说，你要写哪种体裁、风格、流派的文章，你就去读这种体裁、风格、流派的作品，反复地阅读，读懂、读通，仔细地推敲，灵活运用书上的一切。当然，对于自己想写的东西，则必须意由己出，形随意变，不能因袭别人的观点，死记别人的句子。这种阅读方法吸收量极大，效能极高。

学用结合的读书方法要注意边写边读。写是对自己读书效果的鉴定，读是补救知识不足的措施。边写边读，可以推动读书向深入发展，逼着你更专心地读书，更全面地收集参考书籍和资料，更深刻地领会书籍的含义，进一步提高思考能力和创造能力。

学用结合的读书方法要注意边干边读。干就是实践，也是知识的支出。我们每个人都会有这样的经历和体会：当接受一项新的工作任务时，尽管自以为有一定的知识积累，但一动手就暴露了自己的无知，发现了学习上的漏洞。正是"书到用时方恨少，愈用愈觉是贫儿"。重新学习使我们又获得了能量。因为知识是前人生活工作经验的结晶。不断地读书学习，知识的积累就越丰富，我们遇到的难题和困难就不难解决了。只有这样不断地实践、学习，再实践、再学习，我们才能不断地进取。正如一位作家所言：常嫌不足，学海无边，茅塞顿开，得益匪浅。

第七节　阅读的基本原则

在现实生活中，常常看到这样的现象：在同样的学习时间环境中，甚至在同一老师的指导下、阅读同样书籍的条件下，不同的人却有不同的收获，有的人学到知识，增长才干，促进了工作，有的人却一无所获，或收效甚微，根本谈不上对学习、工作有所裨益。之所以形成如此鲜明的对比，就与读者在阅读的过程中，是否坚持了阅读的基本原则有关。

阅读的过程中，应该坚持怎样的基本原则呢？

阅读，需要坚持独立思考的原则。

以学生为例，在学校学习中，学生要想取得好成绩，就得坚持独立思考的原则。学习各门功课应该独立思考，深刻理解教科书所讲的内容，掌握内容的要点、重点和精神实质，体会出课文深层的含义，以及书背后的道理，如作者为什么会这么写，原因何在？还要重视把握内容的层次、知识结构和知识系统。学生在做作业和练习时，也应该独立思考，独立完成，而不应该动不动就问人。课外阅读也必须坚持认真思考、深入理解和记忆，将学到的东西变为自己知识的血和肉，以形成自己的知识结构。

另外，要特别注意的是，独立思考是运用思维方法去探索事物的本质和发展规律并进行知识创新，绝不是毫无根据地胡思乱想。若把想入非非当成独立思考，那将是非常错误的。郭沫若说："科学是实事求是的学问，一定要刻苦钻研，不能够有丝毫的偷巧作假。科学是有严密系统的学问。

一定要按部就班地循序渐进，用不着急躁。学到了一定的水平，自然可以解决一定水平的问题。"

阅读，需要坚持储存、比较、批判的三步原则。

18 世纪法国著名的资产阶级启蒙思想家、文学家、哲学家和教育家卢梭，一生写下了《忏悔录》、《爱弥儿》等不朽著作，他是怎样读书的呢？他把自己的读书过程总结为三个步骤：储存——比较——批判，经过这样三个步骤，卢梭既能全面掌握每本书的思想，又能站出来给予正确的评价，这就使他获取知识具有主动性、批判性和创造性。

储存，即广泛阅读。你先完全接受所读的每本书的观点，不掺入自己的观点，也不和作者争论，主要目的是积累知识。

古今中外有学问的人、有成就的人，总是十分注意积累的。对什么事都不应该像过眼烟云，要从无到有，从少到多，一点一滴地积累起来。

著名历史学家吴晗知识渊博，学贯中西，为后世留下了多种史学著作。他有一条重要的治学经验：亲手做读书卡片。一生中亲自动手积累的卡片达几万张。

以上事实说明，任何一门学问的研究，任何一种成就的取得，都需要有广泛的资料积累。这也是阅读的第一步，只有通过这第一步，即掌握了大量的知识，才能进入下一步，对储存的知识加以分析和比较。

比较，即比较从书中学到的知识，用理智的天平仔细衡量各种书的不同观点。把论述同一问题的书都找出来，看哪本书论述新颖、独到、准确、全面、深刻、生动、有说服力。通过比较，可以博采众家之长，集大成于一身，从而取得真才实学。

有一个美国学者，长期研究日本社会，他把日本报刊上有关风俗民情的资料剪下来，积累成卡片，进行分析比较，由此而出版了一本《菊与刀》，真实地描述了日本社会生活，轰动一时。这本书一度成为美国政府对日政策的参考书之一。

比较的优点是不同的作者对同一问题的论述有深有浅，通过比较，有助于我们加深对这一问题的理解。同时，不同作者对同一问题的论述的方法也不可能完全一样，通过比较，还可以集思广益，避免片面化、简单化。有些作品由于作者的局限，难免有这样那样的疏忽和失误，通过比较，可以发现问题、明辨是非、扬长避短。

各类书的文笔有优劣之分，资料有详简之别，水平有高低之异，通过比较阅读，可以采其所长，为我所用，避其所短，少走弯路。

批判，即找出书中的谬误并加以批判，从而只吸收书中的精华，吸取对自己有用的、有益的知识，抛弃那些无益的东西。马克思主义的诞生，正是马克思和恩格斯在对黑格尔、费尔巴哈、李嘉图、欧文、傅立叶、圣西门等的学说进行批判的研究的基础上，付出呕心沥血的劳动之后创立的。

掌握批判的方法，就是理论联系实际。一方面，在读书时，要善于分析和综合，克服盲目性，提倡独创性，把书读活，用探索的精神去读书；另一方面，通过批判，把认识推到一个崭新的境界，才是读书学习的目的。

经过这样三个步骤，你既能全面掌握每本书的思想，又能"采其精华"、"正其谬误"，使之"是非有归"，从而为你今后的学习和深入的研究打下一个坚实的基础。

储存大量的知识，善于反复地比较，去伪存真地批判，掌握这种阅读的方法，你将成为博学多才之士。

阅读，需要坚持锲而不舍的原则。

锲而不舍的精神，表示其毅力坚强，不怕困难，敢于在一个方向上长期坚持，持之以恒。一个人的知识是积少成多、日积月累起来的，一定要坚持不懈地学习，长期坚持下去才能有成效。

法国生物学家巴斯德说："告诉你使我达到目标的奥秘吧！我唯一的力量就是我的坚持精神。"

文学家福楼拜说："才气就是长期的坚持。"

学问家都具备坚持不懈的学习精神。

阅读，要坚持区别对待的原则。

世上每个人的读书方法不尽相同。只要稍留心就不难发现有些书是匆匆翻了一遍就放过去，而有些书则是需要多次反复阅读。

上述这些现象告诉我们这样一个道理：读书不能像数星星一样平均使用力量，不能对每一本书每章每节同等对待，而要根据读书目的区别对待，有略有详，这就要用到变速读书法。

变速读书法是指在读书时，以不同的速度阅读一本书或一篇文章的不同部分的一种方法。

变速读书法是一种科学的读书法。它最突出的特点是把快速阅读与一般阅读有机结合起来，联为一体，以快带慢，以慢促快，充分发挥快读与慢读各自的优点，弥补各自的不足。灵活地运用快读与慢读，这样既能扩大阅读视野，又能掌握书中的精华，既有量又有质。

许多人的读书经验告诉我们，读书钻研学问，要处理好广博与精深的关系，面对一本书，甚至一篇文章，则要处理好略读与详读的问题。

不管哪一本书，就其内容而言都有观点和材料之分，有主要部分和非主要部分之别；对于一个读者来说，任何一本书都有有用信息和无用信息之分，有关键信息和一般信息之别。因而，无论从客观还是主观上看，都有必要处理好略读与详读的关系，也就是快读与慢读的关系，我们不可能也无须将精力平均分配在全书的各个部分上。

那么一本书中，哪些知识信息应该快读，哪些应该慢读呢？

略读的对象一般是自己已经知道无须记的信息和书中较次要的章节、段落。对于这些地方可以采用快速阅读法，"一目十行"地略读，这种"走马观花"式的阅读，主要是为获得面上的了解。其特点是花的时间少，获得面上的知识多。

详读的对象一般是更新的知识信息和书中重要的章节、段落。对于这些地方就要放慢速度，"十目一行"地详读。

详读时要字字推敲，句句钻研，层层深入地研究，从纷繁的知识中抓住要点，探明主旨，"渐渐向里寻到精美处"。

面对多如繁星的书籍，孰良孰莠，一部书或一本具体的书，何处快读何处慢读，要学会选择，"凡读书须识货，方不错用工夫"。

一本书有一本书的重点，不能一律看待。但在某些方面确有共性：

（1）了解作者所要表达的基本思想，抓住重点。

（2）找出全书最精彩的部分。

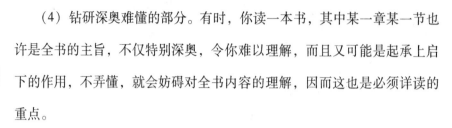

（3）分清精华与糟粕。

（4）钻研深奥难懂的部分。有时，你读一本书，其中某一章某一节也许是全书的主旨，不仅特别深奥，令你难以理解，而且又可能是起承上启下的作用，不弄懂，就会妨碍对全书内容的理解，因而这也是必须详读的重点。

还有，如果一本书你打算读几遍，也可以根据每一遍的不同目的确定不同的重点。

快离开了慢，就会转化为"杂"与"浮"，慢离开快，又会演变为"陋"与"拙"，快读与慢读有机结合，才是阅读的正确方法。

第二章　精读与精读方法

　　精读是细细地读、慢慢地读、反复地读，一步一个脚印的读书方法。精读不仅要理解掌握全部内容，而且要搞清楚问题的来龙去脉，获得系统的知识。精读的目的，是着眼于知识的深度，提高知识吸收的质量，通过透彻理解，融会贯通，掌握精髓实质，使之成为自己知识结构的基础。精读必须按一定知识体系，有目的、有计划、有步骤地，由浅入深，由简到繁，由局部到整体，由基础到专业，循序渐进地读。

　　精读的书籍一般有两个方面：一是基础类书，如教科书及与教科书有关的参考读物；二是与个人综合素质发展密切相关的经典著作。精读，要掌握精读的要领，学会阅读的技巧。

第一节　精细阅读法

　　精读就是在阅读材料的时候逐字逐句、逐段逐节地深入细致地进行阅读，对资料中基本的概念、理论以及全部的内容进行研究和探索。精读的

对象主要是那些重要且涉及学科、专业的内容，这些知识与我们的学习、工作关系密切，研究性的精读有助于我们打好坚实的基础。还有就是博大精深的经典著作或重要段落，这些篇章要反复熟读，细细咀嚼。

精读，要做到"五到"，即心到、眼到、口到、脑到、手到。心到，就是读书要用心，集中精力，全神贯注地阅读。对知识知其然是不够的，还要做到知其所以然，以求对文章有更深刻的理解。眼到，就是眼睛要及时聚焦，阅读仔细、认真，同时在面对某些材料时要学会迅速浏览，提高阅读效率。口到，就是在朗读背诵的时候，声音清晰嘹亮。读书如果一味讲求理解词义、中心思想、写作特点时，必然无法体会作品的深刻内涵、丰富的神采，难以真正透彻理解作品。脑到，即指在阅读的时候，要勤于动脑，不断思考，尽量理解所阅读的材料，在阅读中不断提高自己分析问题和解决问题的水平。手到，指在阅读过程中边读书，边做笔记、摘要。

精细阅读法最有名的例子，要数赵普"半部《论语》治天下"的美谈了。

赵普是宋初重臣，北宋初年的重大方针政策，都有他的一份功劳。不过赵普虽足智多谋，可惜知书甚少，当上宋太祖的宰相之后，宋太祖劝他读书，他才开始用功学习。他从朝廷办完事回家，总是关起门来，开启书箱，一读就是一夜。经过长时间的努力，收获显著，处理政务的能力不断提高。

太祖死后，赵普又成了宋太宗的宰相。有一次，他对太宗说："臣有《论语》一部，以半部佐太祖定天下，以半部佐陛下致太平。"

赵普死后，家人打开他的书箱，发现果然只有一部《论语》。于是便有了"半部《论语》治天下"的佳话。

赵普一生是不是仅仅只读了一本《论语》，不得而知。但他的确精读了《论语》这是可以肯定的。以半部《论语》可以定天下致太平可能有些夸张，但就阅读方法而言，赵普的这种精读名著的方法却是值得提倡的。

西汉末年的扬雄，曾有"观书者，譬诸观山及水"的比喻，为什么呢？因为观山水的人，向往奇伟瑰丽的高山和烟波浩渺的大海；而观书的人，则应该向往那些有价值高水平而又比较艰深的名著。登山和临海，可以开阔视野，扩展胸怀，而啃读名著则能丰富见闻，提高学识。

因此，日本前首相大平正芳坚决反对"乱读书，不管是东洋的和西洋的"，主张"把那些经过历史风霜考验，依然放射强烈光彩并且有生命力的少数书籍，作为自己实际生活的伴侣，仔细阅读，好好消化，认真实践。如果不这样生活，那就无法满足我们精神上的渴求"。

一部好书能久传后世，不被岁月的尘沙所掩埋，其中必有过人之处。读透这类名著，便可对某门学科的最高成就有较深了解，就可把某一门类的思想和知识精华萃集于胸。

精读名著之所以能够迅速提高思想认识水平，其原因就在于在阅读之前就删除了大量的冗余信息。试想如果赵普不是精读《论语》，而是读些评价《论语》的文章，那么是很难掌握《论语》的精神和深意的。

或许有人会问，这样的精读法会不会导致知识面太窄呢？

这问题清人李光地曾作过回答，他说："太公只一卷《丹书》，箕子只一卷《洪范》，朱子读一部《大学》，难道别的道理文字他们都不晓？"既然这些人都学富五车才高八斗，那么他们的知识面是如何拓宽的呢？李光地用"领兵"和"交友"作比喻说："领兵必有几百亲兵死士，交友必有

一二意气胆肝，此外便皆可得用。何也？我所亲者，又有所亲，因类相感，无不通彻。"即是说，任何一门学问，都是互相联系、互相渗透的，只要其中一种学问被你掌握了，那么再去旁及其他学问，便可收举一反三、触类旁通之效。

这种方法犹如草木的根，只有根深，才能叶茂、花盛、蒂固，而这种名著正是你学习做事的根底。

不过，并不是任何一本名著都可以让你精读的，这同样需要你选择，要选那些对自己有极大用处，同时又是公认的好书，这样才不致读而少益。

第二节　隔时阅读法

德国哲学家狄慈根在介绍自己的读书经验时说过："重复是学习的母亲。"这是句至理名言，也是读书中的座右铭。

"重复是学习的母亲。"作为读书方法来讲，就是温故知新，也叫做隔时阅读法。我们所说的隔时阅读法，就是隔段时间就要重复地去温习已读过的书，这样才能巩固已有的知识。在读书做学问时，为什么需要这样一个隔段时间就重复的过程呢？

记忆是人类所具有的一种重要能力，读书更离不开记忆。

其实，任何惊人的记忆力，任何知识的掌握，都不是天生的，都是反复学习的结果。在浩瀚的书海中，如果不反复地学习、反复地实践，那么，自己最终能学到多少知识呢？所以，不会反复，就不会读书。从这种意义上说，隔时阅读法是非常重要的读书方法。

孔子是我国古代著名的学者和教育家，他的读书"窍门"很多，"学而时习之"、"温故而知新"这些隔时阅读的主张都是孔子最先提出的，也是由他最先做到的。

脍炙人口的"韦编三绝"这个典故，说的就是孔子为了把深奥的《易经》弄懂读通，日复一日地，每隔一段时间就反复阅读，不知读了多少遍，以至于把串联竹简的牛皮带子磨断了三次。最后，他终于读懂了《易经》，并为深奥难懂的地方作了校注，为后人研究这本古代典籍做了贡献。可见，隔时重复读书，可谓孔子学《易经》的"捷径"之一。

经常隔时反复，好处很多，其乐无穷。

隔时阅读有助于记忆。世界上没有"一蹴而就"的学习捷径和记忆方法，但是隔时阅读可算是种行之有效的读书方法。有人把反复比喻成雕刻刀，每反复一次，就在人们的记忆石碑上雕刻一次。日积月累，烙下深深的痕迹，就再也冲刷不掉了。

通过反复可以加强记忆。相传司马光对上千年的史料记忆和运用得都非常娴熟，写下了巨著《资治通鉴》。但他幼年时记忆力并不过人，常常觉得不如人家。每当老师讲完课，他便一个人留在课堂里，关上窗户，用心攻读，反复多遍，直至合上书能倒背如流，才去休息。他一直到老，都坚持反复攻读而熟记的学习方法。看来司马光的博学，并不是靠天生就灵的脑瓜，而是靠"隔时反复攻读"的实践。

我国著名科学家茅以升的记忆力很惊人，古稀之年，仍能背出小数点

以下一百位精确数值，人们问他是怎样记住的，他说："说起来非常简单，就是重复！重复！再重复！"

隔时阅读可以避免疏漏，加深对知识的理解。我们知道，书本的知识都是前人辛勤探索归纳的结晶，书中常有些难点，我们学起来也不能完全理解，如果一些经典著作和一些大部头书籍只读一遍，肯定会有许多忽略和难以读懂的地方，这些地方往往是全书或某章的重点精粹所在，只有反复读才能弥补初读的疏忽，深刻理解全书的要旨。况且，在每次重复读书相隔的时期里，无论自觉与否，人脑都会对曾经读过的书产生新的思考和领悟。所以不仅要反复，还要隔时反复。

著名阿拉伯哲学家、科学家、医学理论家阿维森纳，有一次在读亚里士多德的《形而上学》时，怎么也看不懂，于是他就反复地读，决心一定要弄懂，一次阅读不明白的地方，下次再读，从头到尾在不知不觉中读了40多遍，竟然都能背出来了。就在这多次反复中，由不懂到懂，由纷纭迷茫到理清头绪。后来，他在跟朋友探讨亚里士多德的这本书时，听了别人对此书的看法，从中深受启发，领悟了这本书更精深的内容，这显然与他读了40多遍是分不开的。

隔时阅读可以获得新知。"温故而知新"这句名言很精辟地说明了温习已学过的知识和获得新知识的关系。只有读的次数多了，了解得深刻了，才能不断地发现新东西，反过来又能贯通和巩固所学的新知识，最后有所发展和创新。

马克思在文艺方面，经常读歌德、莱辛、莎士比亚、但丁和塞万提斯等世界名作家的作品。而且能整段整节地背诵，他还对自己做了一条重读的规定，就是对希腊悲剧作家爱司启拉留斯的希腊原文著作，每年都要重读一次，每次重读还做笔记。由此看来，批判和吸取、借鉴和创新、继承和发展，也是建立在对前人知识不断反复学习的基础之上的。

第三节　思考阅读法

善于思考的人，大都博学，善问，富于钻研，勤于思考；知识渊博的人，大都思考周密，见解深刻，预测正确。大科学家爱因斯坦说："学习知识要善于思考、思考、再思考，我就是靠这个学习方法成为科学家的。"我国古代杰出的教育家孔子说："学而不思则罔，思而不学则殆。"意思是，光学习如果不思考，就会什么东西也学不到；光思考而不学习，所有疑惑的问题，就始终会得不到解答。

孔子之所以说"学而不思则罔，思而不学则殆。"就是他认识到读书与思考是紧密联系、不可分开的。如果分开的话，就会两败俱伤，不是学之迷惑不解，就是思之岌岌可危，最终必会徒劳无益。这就是说，读书与思考是学习过程中密不可分的两个重要环节。光读书而不思考，就会迷惘无知，没有结果。

可以说，思考是读书的灵魂，思考在学习中具有重大意义。

世界著名物理学家牛顿，一生都痴迷于创造性的读书和思考之中。据说有一天，他牵着马、扛着马鞍到山里去，一路上陷入了思考之中，时而比比划划，时而自言自语，等走上山坡，觉得有一些累，才想起骑马。这时，他才发现手里只拿了一根缰绳，马儿早就无影无踪了。

有人问他取得杰出的发明创造，有什么"诀窍"。牛顿回答说："我只是对一些问题用了很长的时间去思索罢了。"

在读书过程中，一本一本地读而不留下思考的时间，碰到问题绕着走。这样，书虽读得多，却不会有什么收获。可见，不思考，就不能把书本上的知识变成自己有用的知识，不思考，就不会有新收获。

我国清末民初的著名学者章太炎，曾东渡日本，在那里开办国学，讲授文学知识。当时留日的鲁迅常去听他的课，每次听课，都认真做笔记。但他并不盲从，每次都认真思考，提出自己的见解。一次上课，章太炎指出"文学"与"学说"没有区别。鲁迅经过认真的思考后，认为两者应该有所区别。他结合实际引证作品分析比较，阐明自己的看法。当时大家都称赞他是"爱吾师尤爱真理"。

马克思在伦敦写作《资本论》时，一边读书，一边思考摘记，仅3年时间，就写了24本读书笔记。

古今中外的名人都是在读书中通过思考，把书本里的丰富知识变成了自己的精神财富。

那么，怎样去思考呢？首先要明确为什么思考，思考什么，也就是要明确思考的目的和方向。

有目的的思考容易发现问题，并能随时注意与思考有关的东西。

所以，思考目的是思考过程中的主要环节。

动脑思考，要着眼于事物的关系和联系，这是思考的方向。

思考要掌握正确的概念并作出恰当的判断，进行合乎逻辑的推理。这样，才能掌握系统的知识。同时，要把思考引导到掌握知识结构之间的本质联系方面去，以便掌握知识的规律性。只有这样，才能了解事物内部的规律性，达到思考的目的。

要自觉培养独立思考的习惯，学会正确思考。用最合理的方法对知识进行分析、比较、归纳、综合，创造良好的思维习惯。

为使思路广阔、正确、清晰，我们应该以各个不同的方面和角度提出问题进行思考。思考一个问题时，要多读几遍，想到多种可能性，学会从多种思路中选出一种最合理的思路，并找出解决问题的途径和方法。明确思考的重点，抓住关键进行思考，就一定能培养出一个良好的思维习惯。

思考阅读法，就是在阅读过程中，一边阅读，一边从各个角度进行思考的读书方法。思考的过程，就是比较鉴别，去伪存真，辨异求同，找出知识之间内在联系，总结出规律，抓住事物本质，采炼真金的过程。

思考阅读法，就是从各个角度思考，找出知识的内在联系，总结出规律，提炼出知识精华。英国政论家约翰·罗斯金把读与思，比作采金矿和炼真金。他说："你梦寐以求的黄金就是作者在书中所表达的那种深刻的思想和他那渊博的知识。那书中的词语就是含金的矿石，你只有将它们打碎并加以熔炼，才有可能化石为金……而你的熔炉就是你善于思考的大脑。"

思考阅读法，就是比较鉴别、去伪存真、辨异求同、抓住事物本质。俄国著名教育家乌申斯基说："比较是一切理解和思维的基础，我们正是通过比较来了解世界的一切。如果我们面前出现某些新东西，而我们既不能拿它同什么东西比较，又不能把它同什么区别开来，那么，我们就不能对它形成一种思想，也不能对它说出一句话来。"

思考阅读法，就是剔除糟粕提取精华形成知识体系的过程。英国生物学家达尔文说："科学就是整理事实，以便从中得到普遍的规律或结论。"俄国哲学家别林斯基说："只要一涉及科学，那么主要的事就是讲究有系统、有秩序。"

思考阅读法，就是在阅读中有所发现、有所创新。思考阅读法要求我们在阅读中多想一想什么？为什么？何时？何地？谁？怎样？

想一想，正确的结论是如何获得的？有哪些事实或理论根据？在证明中有哪些方法和技巧值得学习和借鉴？能把它们用到别的问题上去吗？能不能再作出新的证明？

问一问，自己对书中的结论有怀疑吗？如果时间、地点、条件变了，结论还会正确吗？需要做哪些修改？它的证据是否充分？如果有漏洞、有问题，举出例子或用实验来推翻它。

辨一辨，哪些是经过长期实践检验的事实、定理、定律或理论，哪些是未经证明的传说、成见或迷信。对于前者要虚心学习，弄清道理；对于后者，要在思考中辨明真伪。

找一找，概念、结论、定理、规律之间的本质联系是什么。

通过正反比较，分辨出是非，加深印象；通过横向比较，求同存异，取长补短；通过纵向比较，看看问题发展的演变过程，推测出事物发展的趋势。

学会了思考，我们便可以"双眼自将秋水洗，一生不受古人欺。"这秋水便是知识之水，是独立思考的思想浪花。学会了思考，我们的学习就会少走弯路。

读书的过程中要注意思考，思考的目的则在于创造。乌申斯基说：

"书籍对人类原有很大意义……但，书籍不仅对那些不会读书的人毫无用处，就是对那些机械地读完书却不会从死的文字中引出活的思想的人，也是无用的。"大多数人读书仅仅满足于只了解书本上的知识，把自己变成一座储存知识的"仓库"，而没有把读书作为提高主观世界、改造客观世界的创造过程。阅读，最重要的一点就是培养自己的创造力，也就是要掌握"创造读书法"，具体的，应该做到以下几点：

（1）必须处理好继承和创造的关系。创造并不是凭空想象，它是在继承前人知识的基础上得来的。知识积累得越多，就越容易发现其中合理与不合理的成分，从而产生创造的想法。

（2）要克服自卑、自怯的情绪，珍视自己的独立见解。创造力是每个人都有的，千万不要轻视自己的独到见解，尽管有时它可能很虚幻。

（3）要有打破传统，敢于向权威挑战的勇气。科学上新理论的产生，无不都是对旧传统理论的否定，因而，没有打破传统，向权威挑战的勇气是不能坚持到底并获得最后胜利的。

（4）要分清创造和模仿。创造是能提出新见解，解决前人不曾解决过的问题，或者解决问题是运用别人不曾用过的捷径。而模仿却是照着现成的样子去模拟或仿制。所以说，模仿绝不是创造。

要想熟练地掌握创造读书法，当然还需要很多条件，如好奇心、远大的抱负、对图书的浓厚兴趣、善于思考等。这些都不是我们一朝一夕就能具备的，它需要我们不断在读书的实践中摸索和总结。

如果书使我们不能、不敢去创造，那就失去了阅读的意义。

第四节　质疑阅读法

质疑阅读法，是指在阅读中，发现疑点追根溯源，或查寻资料，或观察实验，或实地考察等，了解知识产生发展的线索，找到解决问题方法的一种读书方法。法国伟大的作家巴尔扎克说："打开一切科学之门的钥匙都毫无异议的是'问号'，我们大部分的伟大发现都应该归于'如何'，而生活的智慧大概就在于逢事都问个为什么。"

我国明代学者陈献章说："学贵有疑，小疑则小进，大疑则大进。疑者，觉悟之机也。一番觉悟，一番长进。"我国宋代思想家朱熹把读书质疑的方法概括为 6 个字：泛读、发疑、释疑。用他自己的话解释就是："读书，始读，未知有疑；其次，则渐渐有疑；中则节节是疑。过了这一番，疑渐渐释，以至融会贯通，都无可疑，方始是学。"疑，是思维的开始。有疑，才能诱发深入思考；有疑，才能激发强烈的学习兴趣，引起强烈的求知释疑欲望。

孟子说过一句话："尽信书则不如无书"，这里说的书，虽然指的是《书经》，但仍有着普遍的指导意义。毛泽东常用孟子的这句话，告诉人们不要迷信书本，不要盲目读书，要善于发现问题。他每看完一本书或者一篇文章，总要提出自己的看法和理解。在他存世的大量读书批语中，提出许多新颖的见解。可以说，这与他采用"质疑阅读法"不无关系。

在明代，有一个医生给病人诊完脉后，随手开了一个药方，其中有药引子"锡"。一个叫戴元礼的医生见了这个处方，感到怀疑，就问那个医生开处方的依据是什么。那个医生拿出部医书，理直气壮地说："你拿去自己看吧。"戴元礼拿过书来看，书上确实是这样写的。但是，为了弄清楚这个问题，还是翻阅了大量的医书。结果发现在另一版本上写的药引子是"饧"。那时，"饧"是糖的古体字。戴元礼终于弄清了这是翻版重印时的错误。由于戴元礼的质疑，避免了一次"医疗事故"。

这则故事使我们悟出了一个道理，凡事只有大胆质疑，才能取得进步。做事是这样，读书更是这样。

人类的进步，离开了书籍便不可想象。人不读书，就很难从愚昧和落后中解放出来。但在汗牛充栋的书海中，也还存在不少的坏书；在一些基本上是较好的书中，仍然夹杂着不太健康、不太正确的部分或观点。我们不能由于怕受欺骗而"因噎废食"，不去读书，更不能良莠不齐地统统接受，盲目"信书"。

钱钟书是我国现代著名的学者、作家和诗人，他平生喜爱读书，人谓"书痴"。他著有小说集、散文集、学术著作等。他的《围城》在20世纪40年代出版后，曾倾倒一时读书人，当时有"交谈不说《围城》记，纵读诗书也枉然"之说。

钱钟书的成就，同他读书善于质疑分不开。

钱钟书在阅读中发现问题，追根溯源，不弄清本来面目从不罢休。有一次，钱钟书在阅读中发现我国清代诗人袁枚在《随园诗话》里批评清代文学家毛奇龄错评了苏轼的诗句。毛奇龄评苏轼诗句"春江水暖鸭先知"说："定该鸭先知，难道鹅不知道吗?"

袁枚认为：按毛奇龄的看法，《诗经》里"关关雎鸠，在河之洲"也是错误的，难道只能有雎鸠，没有斑鸠吗？

袁枚和毛奇龄这场笔墨官司谁是谁非，一般人看看也就过去了，但钱钟书却找出毛奇龄的《西河诗话》来，看看毛奇龄的原话究竟是如何说的。经查对，钱钟书发现毛奇龄的原意是：苏轼的诗模仿的是唐诗"花间觅路鸟先知"诗句，但模仿得非常拙劣。人在寻路时，鸟熟悉花间之路，所以鸟比人先知。而水中动物都能够感受到水的冷暖，苏轼却说只有鸭先知，那就不对了。

莫非真是苏轼的诗句错了，钱钟书又找来苏轼原诗《惠崇春江晚景》。原来，苏轼"竹外桃花三两枝，春江水暖鸭先知"的诗句，题的是一幅画，画面上有竹子、桃花、春江、鸭子，所以写"鸭先知"。看来，苏轼并没错，还是毛奇龄错了。

为了进一步将问题搞清楚，钱钟书又查唐人张渭的原作《春园家宴》。原作道："竹里行厨人不见，花间觅路鸟先知。"人在花园里寻路，不如鸟对路那么熟悉，这是写实。而苏轼在诗中说鸭先知水暖，是写意，意在赞美春光，这是画面意境的升华，是诗人的独特感受，应该说苏轼的"鸭先知"比张渭的"鸟先知"更高明。

最后，钱钟书文引用了《湘绮楼日记》中称赞苏轼的诗是"上上绝句"的话作为佐证，这才最后下了结论，批评毛奇龄的错误说："会讲理学的，讲诗往往别具心肠，卑鄙可笑，不懂得东坡苦心。"

钱钟书从发现疑点开始，一步步问本求源，明辨了是非。

在阅读的过程中，善于使用质疑阅读法，对我们有很大的帮助。它对开发思路有帮助。现代科学研究证明，从人的神经功能上看，疑点会促使大脑出现高度兴奋状态，随之产生一种"优势灶"，引起定向，也就是探研反射，从而使精神高度集中，保证最佳的阅读效果。在这种状态下读书，能使你更加深刻地理解和掌握知识。可以说，疑问是开启未知王国宝库大门的钥匙。

利用"质疑阅读法"，能打破知识旧框框的束缚，促进新的发明和创造。我国著名的地质学家李四光说过："不怀疑不能见真理，所以我希望大家都采取怀疑的态度，不要为已成的学说压倒。"显然，质疑是读书中不可缺少的一种方法。质疑，能否定旧的传统观念；质疑，能产生新的科学理论。

质疑阅读法，需要独立思考，提出自己的观点，进行质疑。

阿伯拉尔说过："由于怀疑，我们就验证，由于验证，我们就获得真理。"质疑阅读法就是读书时要提出疑问，同时还要深入实践，通过实践解决疑问，产生新观点。也就是说，把书本上的疑点带入实践中，从实践中作出正确的判断。

我国明代医学家李时珍，在行医中，通读了明代之前的药物书籍。在读书过程中，对当时被奉为标准药典的《证类本草》产生了疑问。于是他用了 27 年时间，对该书和其他多种"本草"书中的中草药，详细分析，认真研究，逐条订正，对其中谬误和失讹的记载，进行了修改补订，最终写出了 52 卷医药巨著《本草纲目》。

试想，如果李时珍在披阅明代以前的各种"药物"著作时，凡书皆信，师古不变，不进行质疑，不在实践中加以考证、修订、完善，能有鸿篇巨著《本草纲目》问世并造福于子孙万代吗？

从上述举例可以看出，通过实践验证质疑，就可得出大家所信服的正确结论。当然，我们要掌握"质疑阅读法"的原则，大胆使用"质疑阅读法"，还要有足够的勇气和无所畏惧的精神。

公元前6世纪，古希腊的毕达哥拉斯学派认为，上帝只创造了整数和分数。但年轻的数学家希伯斯对此提出疑问。他在读书与实践的过程中提出了无理数的概念。由此可见，读书要提倡破除迷信，坚持真理，勇敢质疑的精神。对于质疑对象，则要反复推证，进行多方面的考察和研究，深入分析疑点产生的原因、背景及表现形式，透过现象揭示本质，还可以对别人的质疑进行反质疑。

当我们在学习生活中使用"质疑阅读法"的时候，请记住培根的名言吧："如果一个人从肯定开始，必以疑问告终；如果他准备从疑问着手，则会以肯定结束。"

第五节　厚薄阅读法

厚薄法，是一种通过阅读、增补、消化、吸收、提炼，提纲挈领，化繁为简的阅读方法，也是先肢解，后提炼的阅读方法。

厚薄法是我国大数学家华罗庚所倡导的一种读书方法。

华罗庚在《要学会自学》一文中说："在学习书本上的每一个问题，每一章节的时候，首先应该不只看到书面上，而且还要看到书背后的东西。这就是说，对书本的某些原理、定理、公式，我们在学习的时候，不仅应该记住它的结论，懂得它的道理，而且还应该设想一下人家是怎样想出来的，经过多少曲折，攻破多少关键，才得出这个结论的。而且还不妨进一步设想一下，如果书本上还没有作出结论，我自己设身处地，应该怎样去得出这个结论？恩格斯曾经说过：我们所需要的，与其说是赤裸裸的结果，还不如说是研究。如果离开引向这个结果的发展来把握结果，那就等于没有结果。我们只有了解结论是怎样得来的，才能真正懂得结论。只有不仅知其然，而且还知其所以然，才能够对问题有透彻的了解。"

"如果说前一步的工作可以叫做'肢解'的工作，那么，第二步我们就需要做'综合'的工作。这就是说，对书中每一个问题都要经过细嚼慢咽，真正懂得之后，就需要进一步把全书各部分内容连串起来理解，加以融会贯通，从而弄清楚什么是书中的主要问题，以及各个问题之间的关联。这样我们就能抓住统率全书的基本线索，贯串全书的精神实质。我常常把这种读书过程，叫做'从厚到薄'的过程。"

华罗庚说："我们在读一本书时，还要把它和我们过去学到的知识去作个比较，想一想这一本书给我添了些什么新的东西。每当看一本新书时，对自己原来已懂的部分，就可以比较快地看过去；要紧的，是对重点的钻研；对自己来说是新的东西用的力量也应当更大些。在看完一本书后，并不是说要把整本书都装进脑子里去，而仅仅是添上几点前所不知的新方法、新内容。这样做印象反而深刻，记忆反而牢固。并且，学得越多，懂得的东西越多，知识基础越厚，读书进度也就可以大大加快。"

厚薄阅读法，经历"由薄到厚"和"由厚到薄"两个过程，其实质就是读书学习时所要经过的两个过程。第一个过程，"由薄到厚"，是指打好

基础，积累知识。对于基本的东西要学深、学透，弄明白概念、定理以及相关问题。这样，一本不太厚的书无形中就增加了许多内容而变"厚"。第二个过程，是"由厚到薄"也是读书学习的重要一步，是指将"由薄到厚"而得的基础知识积极消化、提炼，从而"厚积而薄发"并有所突破。

在读书过程中，虽然"由薄到厚"中的"厚"很重要，也是十分必要的，但仅限于此是远远不够的。"雄厚"的基础知识还不是我们所要达到的最后目的。如果读书仅仅停留在这个阶段，那么学习上是不会有长足的进步和提高的。要真正地学会、学懂，还必须经过"由厚到薄"的过程。即在"由薄到厚"的基础上再返回来"由厚到薄"。

那么如何将"厚"书读到"薄"呢？

对此，著名物理学家爱因斯坦根据自己读书的实践体会曾说过："在所阅读的书本中找出可以把自己引到深处的东西，并把它的一切统统抛掉，就是抛掉使头脑负担过重和会把自己诱离到不良之处的一切。"这样边读边抛，不断去粗取精，就会使书本越读越薄，从而达到把握要点，领会精髓，吸取其有益的知识核心的目的。

其实，"由厚到薄"是一个消化、吸收、提炼的过程。在这个过程中，有三个关键环节：

（1）消化——从读书到有效储存的第一步。

（2）简化——在消化材料的基础上借助思维，加以概括抽象，如图表、中心句、关键词。经过这些重要的融会贯通的环节，就可以把一本厚书读薄了。

（3）序列化——把新近汲取的知识，嵌入已经储存的体系，不仅蕴涵着潜在功效，同时也把许多部加在一起很厚的书读"薄"了。

华罗庚所说的"一本书，当未读之前，你感到就是那么厚，在读的过程中，如果你对各章各节作深入的探讨，在每页上加添注解，补充参考资料，那就会觉得更厚了。但是，当我们对书的内容真正有了透彻的了解，抓住了全书的要点，掌握了全书的精神实质以后，就会感到书本变薄了。愈是懂得透彻，就愈有薄的感觉，就是每个科学家都要经历的过程。这样，并不是学的知识变少了，而是把知识消化了。"

"由薄到厚"与"由厚到薄"是相辅相成的，两者的关系是辩证统一的。前者是后者的基础，后者能为前者的释放创造条件。没有前者"由薄到厚"的第一步，就不能有"由厚到薄"的进步。

如果只做到前者的第一步，而不能达到后者"由厚到薄"的第二步，就只是做一个储存知识的"仓库"，而不能认为真正学懂了。

也许按照上述这样薄厚互返的方法读书，有人读书会觉得慢了一些，其实不然。开始的时候可能慢些，但如果真正掌握好、运用好，在同一类书中只要集中精力攻读一本。再看其余的几本书，就会感觉到：原来"这"一部分自己已经明白，而"那"一部分实际和第一本读的书相同。这样，其他同类书中真正需要你去学习掌握的东西就剩下那么一点点了，所以读起来也就快多了。

以"由薄到厚"之积累，求"由厚到薄"之精髓，得"事半功倍"之成效。厚薄阅读法，对于有志成才的青年朋友们来说，不失为一个行之有效的读书方法和学习手段。

第六节　循环阅读法

古人有句名言："好书不厌百回读，熟读深思子自知。"这句名言告诉我们；一本好书只要不厌其烦、来回地读，就能读出书中最深奥最深刻的道理来。

许多书籍，尤其是经典，内容丰富，意义深邃，不是只读一遍便能理解的。别林斯基谈到果戈理的小说《死魂灵》时说"如同一切精深的创作一样，《死魂灵》不是在第一次阅读时就能完全了解的，第二次阅读它时，完全就像新的、从来没有看见过的著作一样。"像别林斯基这样一位杰出的文学评论家，阅读同代人的文艺名著，尚且有此感受，我们普通人在读书时，如果仅仅看一遍就束之高阁，又能从中得到多大教益呢？因此，我们在阅读过程中要举一反三，循环阅读，从而了解书中的真谛。

循环阅读法是一种对一本书多次阅读的方法，适用于很多有价值的读物。循环阅读法又分短期内循环和长期内循环两种。

短期内循环适用于读某本书或某篇文章时。因为书的内容较难理解，读一遍两遍不能完全明白。于是就像作战一样，正面进攻不行就侧面攻，从不同方位去进攻目标。精力集中，从而收到好的效果。

长期内循环多用于读名著，间隔两年，甚至五年、十年，再去读同一本书，不仅勾起了记忆，克服了遗忘，而且由于生活经验与知识积累的增长，原来不懂的地方，这时弄懂了，原来认识肤浅的地方，这时深化了。

阅读的方法与技巧

所以说，无论短期内循环还是长期内循环，都不仅是加深理解的方法，而且是突破难点的方法。每次阅读，都要善于选择不同角度，好像钻探一样，四处打眼，寻找目标，可以从历史的发展来看，从而把一个整体切割成不同的小块从不同方面来认识；有时也需要把一次次循环后的认识进行连贯的思考，得出综合的理解，或者说是从宏观的角度来理解。读书原为自己受用，多读不能算是荣誉，少读也不能算是羞耻，少读如果彻底，必能养成深思熟虑的习惯，涵泳优游，以至于变化气质，多读如果不求甚解，虽驰骋千里，却空手而归。因此，读好书不应求多，而应求得彻底，只有反复循环地读，才能读到书中精深之处，最后变为自己的财富，受用不尽。

怎样才能把书读"精"呢？想要把书读"精"，必须循环反复地读，才能读出书中味，把握书中精华。可以说，"循环阅读法"是把书读"精"的一个捷径。

我国古代学者因书籍难得，皓首穷年才能治一经，书虽读得少，读一部却就是一部，口诵心惟，咀嚼得烂熟、透入身心，变成一种精神的原动力，一生受用不尽。现在社会，书籍多得可以信手拈来，人们完全能够做到过目万卷，然而，"过目"的虽多，真正"留心"的却又有多少呢？

读书并不在多，最重要的是选得精，读得彻底，与其读十部无关轻重的书，不如以读十部的时间和精力去读一部真正值得读的书，与其十部书都泛览一遍，不如取一部书精读十遍。

在循环阅读一本书的过程中，每一遍可以有不同的目的和分工。有一种叫做"三遍阅读法"的读书方法，就是最为典型的。

三遍阅读法以当代知名作家王汶石最为典型。王汶石读文学名著，喜

欢把一个作家的作品尽可能都找到，按发表的顺序看一遍，以获得较为深刻的印象。对于价值最高的代表作，他要来个"三遍读"：第一遍是通读，尽情地作艺术享受，让自己沉醉于其间，领略作品人物形象之美、语言技巧之美、意境之美。第二遍，边读边对作品进行分析解剖，搞"大拆卸"，像机枪手学习拆卸和装配一样，仔细考查每个零件的性能、制作方法和它们的联系，学习作者的写作技巧。第三遍阅读又是系统通读，主要是获得写作技巧的完整印象。有时候，为了更详细地了解某种写作技巧，还需要同时浏览多种名著，看人家对文章结构或者是非曲直是怎样写的。回头再将文章全文综览一遍，巩固加深已有的印象。

通过三遍读，对文学名著的理解逐步加深了——按语言或者按表现手法，或者按艺术形象等作分类研读，看情节是怎样安排的，语言是怎样运用的，人物、场面、情感是怎样表达的……

在第一遍知其美的基础上，深入探寻了其所以美的道理。

许多有识之士都认为，所谓三遍其实是多遍的意思。虽然人的理解能力、研究目标各有不同，但读一遍只能达到一遍的目的，而真正读懂、弄通则需要几遍才能完成。中国有句古话，叫做"书读百遍，其义自见"，就是说书要多读才能读懂，其实，读书不容易，把书读懂更不容易。只有多读，才能更深刻地了解书中真正的内涵。每本书都匆匆忙忙地读一遍，就读另一本，不求甚解，读了等于白读，过眼烟云，最后一无所得。

现代作家梁斌，也采用三遍阅读法。他早年读书时，就想将来当个作家。所以他读了大量郭沫若、鲁迅等中国新文学作家的作品，读了《水浒传》、《红楼梦》、《儒林外史》等名著和部分外国作家的著作，甚至于如醉如痴地将《复活》连读三遍,深刻地理解了作者写这本书的含义,对自己的文学创作也大有好处,受益匪浅。

另外,读书要有毅力。不能这一本读三遍,另一本就读两遍,要坚持长久,特别是对那些名著和好的文学作品更应该多读几遍,才能收到好的效果,否则,只有几本读得很透彻,其他都一带而过,那样就收效甚微。

著名作家臧克家说:"我读古人书浓圈密点,旁注,十分认真,一字一句也不放过,以求吃尽书中味,对作者的感情、思想、所处时代环境以及艺术表现特点,都要求大体了解。我对他们的作品并不盲目歌颂,有的为之击节,万遍常新,有的则以为平常,并不为我佩服。"

总而言之,掌握和运用三遍阅读法,其要旨就在于层层深入,由粗读到细读,由粗知到理解,由浅知到深刻体会,由消化到掌握。

当然,在具体读书中,并不一定拘泥于三遍的限制。这个三遍读书的步骤和程序,仅仅是一个可供参考的路子和方法。

中国谚语说得好:"井淘三遍吃好水。"读书也一样,书读三遍知其"味"。

第七节　背诵阅读法

郭沫若创作的著名历史剧《蔡文姬》令观众留下了深刻的印象,观众无不为剧中主人公蔡文姬坎坷的人生经历所感慨,同时也无不叹服于她在《悲愤诗》、《胡笳十八拍》等传世名作中所展示出的才华。蔡文姬在文学

上取得的成就除了与她颠沛流离的身世有关外，很大程度上得益于她好读书、喜背诵的学习方法。

蔡文姬从匈奴返汉后，有一次，曹操问她："听说夫人家中先前有许多古书，不知还记得否？"蔡文姬回答说："从前父亲在世时曾赐给我四千多卷书，由于战乱，这些书都失散了。我现在所能记诵的，只有四百多篇。"

曹操非常高兴，说"请夫人口授，叫人记录下来。"

蔡文姬说："不用了，就请伯父授纸笔于我，我回去写出来就是了。"

过了段时间，文姬果然将默写的四百多篇文章呈给了曹操。

据史料记载，文姬自幼刻苦读书，她曾反复背诵过千卷以上的书，正是这种反复背诵的方法使她终身受益，成为我国历史上著名的才女。

由此可见，青少年时期有选择、有重点地背诵一些作品，是非常重要的。尤其对一些古典文学中的名篇佳句，更应通过背诵达到呼之即出的程度。

听到"背诵"二字，很多人会立刻皱起眉头，想到"死记硬背"，认为这是一个老生常谈的话题，或者是在鼓吹种早已过时的，甚至应当受到极力反对的读书方法。其实不然。

无论是我国古代对儿童进行启蒙教育的方法，还是几十年前话务员熟记几千个电话号码的方法，以及我们日常学习工作中对知识的汲取，可以说，没有任何一种记忆的好方法是可以完全脱离开背诵的。

捷克教育家夸美纽斯说："记忆不应该得到休息，因为没有一种能力比它更易动作，更能由动作得到发展。"背诵是记忆的基本的必用手段。背诵的好处有三点：

（1）帮助我们记住，也就是"熟"。

（2）帮助我们加深理解，从而更牢固地记住，也就是"巧"。

（3）调动我们的大脑积极性，让它经常处于工作状态，也就是"动"。

要掌握背诵阅读法，提高背诵的效率，应注意以下几点：

（1）背诵要有明确的目的意识，要在主观上注意调动自己的兴趣和意志，使大脑始终处于"激活"的兴奋状态。

（2）要注意在理解的基础上背诵，生吞活剥、死记硬背只能事倍功半。

（3）在条件允许的时候，要通过出声朗读的办法加强记忆。

（4）要掌握记忆规律，合理安排背诵时间和适时加强学习。

青年人记忆力好，平时学习工作中注意留心背一些东西，日积月累，就能达到"胸藏万汇凭吞吐，笔有千钧任歘张"的境界。

第八节　档案阅读法

俗话说"口读十遍，不如手过一遍"。记录读书"档案"，对于加深理解和巩固学过的知识，无疑是十分必要的。我国著名历史学家顾颉刚先生从 20 世纪 20 年代初，就每天勤于阅读、勤于摘录、勤于写心得，数十年如一日，一生写下的笔记共有 500 多万字，达 200 多册。这些笔记生动地反映了他一生读书的收获。

读书"档案"，是读书者在读书过程中积累资料的结果，它实际上是一个内容广泛，形式多样的整体。古今学者按照各自的特点、爱好和需要，创造出各具特色的做读书"档案"的方法。归纳起来有以下几种：

（1）批语"档案"法。批语"档案"法，就是在原文的顶端的空白处，加上眉批或在原文后面加尾批，在行与行之间加旁批。总之，读书有心得，就可以随时随地把自己的感受、体会等批注在书本的天头、地脚、段尾、篇末和空白处。

这种方法被人们普遍采用，它的好处是简便、灵活，有助于培养言简意赅的好文风。毛泽东同志早年读过的书，上面朱墨分呈，圈圈点点。他在阅读《伦理学原理》时，在这本只有 10 万字的书上，竟然写下了 12000 字的批语。

（2）符号"档案"法。符号"档案"法，就是阅读时在书本上即兴做下的各种记号，如直线、曲线、圆圈、方框等。在阅读过程中，我们发现新颖的观点、精辟的论述等，都可以用各种表示不同含义的符号标注出来，便于找出重点，加深印象。对于那些比较长的段落，还可以用阿拉伯数字标出层次，使其条理清晰，便于记忆。如列宁做符号笔记时就有自己独特的方法：在边上画条直线，表示此处值得注意，画两条或三条直线，表示特别注意，写上"NB"两个字母则表示非常重要等。

（3）摘录"档案"法。摘录"档案"法，就是把原文中的重点、难点、结论、名言、警句或重要的史料等抄录下来，以便日后检索。摘录时必须依照原文，不能断章取义，不能改动原文的字句和标点符号。此外，还要注明出处，包括书名、作者、页数等，以便需要时查找核对。著名史学家吴晗说过："摘抄绝不是一项简单的机械的抄写工作，而是极其重要的学习方法。每抄写一遍，就更加巩固你的记忆，加深你的理解，激发你的创造。"

（4）提纲"档案"法。提纲"档案"法，即读过一本书后，把原文的基本内容、中心思想，用自己的语言加以概括总结，也可以摘引原文，并加上自己的说明，以起到提纲挈领的作用。韩愈在《进学篇》中说："记事者必提其要。"指的就是提纲笔记。这种读书笔记首先需要通读原文，理解透彻，抓住重点，然后把基本内容概括出来。文字力求简明扼要，但不要把自己的感想、看法写进去。

（5）心得"档案"法。心得"档案"法，就是读过一本书或一篇文章后，把自己的感受、体会及观点写下来。其写作形式不拘一格，可以针对书中的一个问题或观点来写，也可以针对整本书写，写时要注意联系实际，既可以针对当前的社会现状，也可以对照自己的实际情况。应做到紧扣原文，突出重点，有感而发。马克思和恩格斯合著的《德意志意识形态》一书，就是典型的心得笔记式的专论。

（6）专题"档案"法。专题"档案"法，就是把书籍或若干资料中的相同内容分门别类地加以整理，综合到同一个题目或专题下。我们在阅读时，有时会发现不同版本的书籍、不同地方的报刊文章讲的都是同一内容。这样我们就可以有目的地做分类笔记，把这些资料归纳到一起。做这种笔记，要求简练、准确、全面。

做读书档案的方式、方法多种多样，有的人用笔记本，有的人用活页纸，也有的人用剪贴的方式，还有的人用统一的卡片。但不论用哪种方法都应做到认真、精练，并要做到持之以恒。

第三章　博读与博读方法

　　博读是广泛阅读，开阔视野，丰富知识，集百家之长为我所用的一种读书方法。英国哲学家培根说："读史使人明智，读诗使人聪慧，演算使人精密，哲理使人深刻，伦理使人有修养，逻辑修辞使人长于思辨。总之，知识能改变人的性格。"博读，就是用较少的时间，浏览大量的书籍或刊物，以扩大知识面，开阔眼界，更快地掌握知识。无论做什么，知识渊博一些都是很重要的。从历史上看，名家大多都是博览群书、贯通百家、知识渊博、善于思考的人。

　　博读，可以实现学科之间的融会贯通；博读，可以培养科学辩证的哲学思维能力；博读，可以学会从多个角度看待和分析问题；博读，可以提高审美情趣，锤炼语言的表达能力；博读，是做学问的基本功，也是做学问的基础和前提条件。博读，可以启迪心志，锤炼意志，塑造完善的人格。

第一节　博览阅读法

博览阅读法，是广泛阅读，博采百家，为我所用的一种读书方法。

胡适在论及做专门学问与博览群书的关系时说："理想中的学者，既能博大，又能精深。精深的方面，是他的专门学问。博大的方面，是他的旁搜博览。博大要几乎无所不知，精深要几乎唯他独尊，无人能及。他用他的学问做中心，次及于直接相关的各种学问，次及于间接相关的各种学问，次及于不很相关的各种学问，以次及毫不相关的各种泛览。这样的学者，也有一比，比埃及的金字塔。那金字塔高480英尺，底边各边长764英尺。塔的最高度代表最精深的专门学问，从此点以次递减，代表那旁收博览的各种相关或不相关的学问。塔底的面积代表博大的范围，精深的造诣，博大的同情心。这样的人，对社会是极有用的人才，对自己也能充分享受人生的趣味。"

一位文化名人说："为学当如群山峙，一峰突起群峰环。"没有知识的广度，就没有见解的深度；没有群峰环绕的烘托，便没有一峰突秀的壮美。

鲁迅说："只看一个人的著作，结果是不大好的：你就得不到多方面的优点。必须如蜜蜂一样，采过许多花，这才能酿出蜜来，倘若叮在一处，所得就非常有限，枯燥了。"

博览是做学问的基础，也是构建学问金字塔的过程。马克思、列宁、毛泽东的博大，与他们博览群书分不开。

马克思在写《资本论》时，先后阅读了1400多种书籍。他系统地研究了哲学、政治、经济、历史、法律等社会科学；阅读了大量的数学书籍，并且认真地进行了分析和演算；学习研究了物理学、化学、生物学、解剖学、农学、农业化学、实用经济学；阅读了歌德、但丁、塞万提斯和巴尔扎克等人的作品；还以顽强的毅力学习各种语言，并能熟练地运用德、英、法3种语言写作。

为了博览群书，马克思将图书馆当作他读书、搜集文献资料、进行科学研究和写作的重要场所。在长达25年的时间里，马克思几乎天天去大英博物院图书馆，每天勤奋攻读10个小时。由于他常常固定坐在同一座位，时间长了，座位下的水泥地面被磨去一层，留下了清晰的脚印。

据统计，列宁在其著作中引用的书达16000多本。他在写作《俄国资本主义的发展》时，曾参阅了583本书，摘录了数十万字的资料，而且是在监狱中进行的。

毛泽东一生喜爱读书，具有渊博的知识、高超的政治智慧和卓越的语言智能，并以一个政治家、军事家、战略家的创造，改写了中国的历史，这些都与他博览群书分不开。

所有的学问研究与创造发明，都必须从博览群书中获取知识，汲取营养。

亚里士多德是世界古代史上学识最渊博的哲学家、教育家和科学家。他集古代知识于一身，创立了形式逻辑学，丰富和发展了哲学的各个分支学科，对科学做出了巨大贡献。马克思赞誉他为"古代最伟大的思想家"，恩格斯称他是"最博学的人"。

从亚里士多德的研究成果中可以看出他博览的深厚功夫。

亚里士多德至少撰写了170种著作，其中流传下来的有47种。他的科学著作，在那个年代简直就是百科全书，内容涉及天文学、动物学、胚胎学、地理学、地质学、物理学、解剖学、生理学，总之，涉及古希腊人已知的各个学科。他对哲学的几乎每个学科都做出了贡献，写作涉及形而上学、心理学、经济学、神学、政治学、修辞学、教育学、诗歌、风俗，以及雅典宪法等。他对于当时尚未分类的科学，如政治、逻辑、伦理、历史、物理、心理学、美学、教育学等均有研究，并有独到见解。

我国著名学者钱钟书的《管锥编》内容之渊博，思路之开阔，联想之活泼，想象之奇特，中西之连接，古今之贯通，实属人类之罕见，令人惊叹。而钱钟书作《管锥编》引用了2000多种书，旁征博引涉及中西，仅引文就包括中、英、德、法、拉丁等数种语言。有人说《管锥编》像是匠心别具的文化园林，将世间文化精华移天缩地，巧妙陈置，相映成趣，打造成立体的风景，让人流连其中，惊异忘返。因此，人称钱钟书为文学的宝库、昆仑和大海。

俗话说，一块石头砌不成金字塔，一根木头造不了洛阳桥。

20世纪70年代初，美国哈佛大学曾对115个科研机构中的1311名科学家进行过为期5年的调查，结论是通才取胜。通才，传统解释是"学识广博，具有多种才能的人。"通才不是全才，而是以本学科为立足点，同时对其他几个学科有所了解。只有知识面广，观察力、想象力、思考问题才会有广泛的背景。

中国科学院院士，国际著名遗传学家，我国现代遗传学奠基人谈家桢说，基础科学和应用科学休戚相关，各学科的相互渗透是当前科学发展的必然趋势。例如，生物学不仅是医和农的基础，而且与社会科学的关系也日益密切。国际上生物学的一个发展趋向就是利用生物材料进行深入细致的探讨来解决人类思维、记忆、感觉、行为等高级物质运动形态问题，使自然科学与社会科学之间的关系进一步密切起来了。

有一位学者曾经说过："如果一个生理学问题的困难，实质上是数学的困难，那么10个不懂数学的生理学家和1个不懂数学的生理学家的研究成绩完全一样，不会更好。"也就是说一个懂数学的生理学家，可能会比10个不懂数学的生理学家，更容易取得研究成果。我们要取得学习的成功，必须学会全方位、多角度地阅读，广泛地涉猎，从不同学科去研究一个问题，才有可能打破单一的、僵化的思维模式，发现各门学科之间的内在联系、不同事物之间的普遍规律，把问题的研究引向深入。

鲁迅说："爱看书的青年，大可以看看本分以外的，即课外的书……譬如学理科的，偏看看文学书，学文学的，偏看看科学书，看看别个在那里研究的，究竟是怎么一回事。这样子，对于别人，别事，可以有更深的了解。"

徐光启是我国明代科学家。据说，1626年中国苏北蝗虫成灾，徐光启为了找到防治的方法，他查阅了中国2000多年的蝗虫记录，统计了自春秋以来历次蝗虫发生的时间、地点及特点，总结了蝗虫几个阶段的生活习性，提出了全面有效的防治措施。

乔治·萨顿是科学史学科的奠基人。为了更好地进行研究，萨顿不仅掌握了广博的历史知识，而且掌握了包括汉语和阿拉伯语在内的 14 种语言。阿拉伯文是他在中年时才开始学习的，其他语言至少包括拉丁文、希腊文、法文、德文、荷兰文、意大利文、西班牙文、葡萄牙文、瑞典文、土耳其文、希伯来文和中文等等。有人认为在萨顿生命的最后 20 多年的时间里，他可能是当时世界上最渊博的学者。

我们只有在博览群书中，打好知识的基础，筑好学问的金字塔，才能成为一个对社会有用的人。

第二节　渗透阅读法

有一回，一位搞哲学的同志到著名经济学家王亚南家拜访。走进书房，发现书架上排列着不少外国古典文学名著，案头上还放了一本夹着纸条的《莎士比亚戏剧选集》。他便好奇地问："您看那么多的外国小说干嘛？"王亚南饶有风趣地说："借用你们搞哲学的一句行话，叫'互相渗透'。我喜欢看外国小说，正是为了搞文科的'互相渗透'呀！"

王亚南认为，搞学问不能单打。他以马克思的博学多才为例说："《资本论》是一座庞大的知识宝库，不仅有经济学理论，还包含了丰富的哲学、历史和文学的知识呢。马克思对古希腊神话及后来莎士比亚等人的著作非常熟悉，他准确自如地引用其中的典故来表述自己的经济学观点，把非常枯燥的经济问题谈得饶有兴味。而且通过引用小说所描绘的内容，可以从不同侧面了解当时的社会背景，从而认识资本主义的剥削本质。如果

对追杀恶魔的西波亚斯或被人骂为水獭的瞿克莱夫人一无所知，连臭名远扬的夏洛克也不知是何许人也，要想完全啃动《资本论》是比较困难的。"

王亚南所用的读书方法就是"渗透阅读法"。渗透阅读法是一种扩大阅读效果的阅读方法。读者把精读的文章或书籍作为出发点，然后向四面八方发展，如同阳光的辐射，雨水、空气的渗透一般，由精读一本书、一篇文章带读了多本书、多篇文章，从而有效地扩大了自己的知识面。

知识是互相联系的。现代科学发展的一个重要特点，就是出现了各门科学相互渗透的趋向。任何人要想在本专业上研究出成果来，都必须了解其他领域的最新动向，借鉴和学习其他领域的知识。相互渗透、互相辐射地读书。

对于渗透阅读法，现代著名文学家和翻译家曹靖华也讲过这样的体会，他说自己在研究某个问题的时候，往往要看好几种参考书，甲涉及乙，乙涉及丙，丙涉及丁，那情景就像儿时入山采葛藤，眼前常常是枝条蔓延，互相纠结，甚至牵一葛藤而半山俱动。但是正是在这种追根溯源、愈探愈奇的求知过程中，知识丰富了，感到颇有兴味。这样的治学态度实在令人钦佩。在他的《春城飞花》散文集中，那一篇篇优美闪亮、别具风味的作品，就是他广博的知识之花的结晶。

当年孔子教儿子学诗，认为可以多识鱼虫鸟兽之名，就是因为他深知渗透读书可以扩大知识之乐。确实，在我国古代诗词中，由于大多数诗是通过形象来反映现实的，从历史、地理到风俗、世情等一切知识，诗歌都可以从不同的侧面反映到。所以读诗可以得到旁通各门学科之乐。

而在当今的信息社会中，没有一本书或一种学问是游离于科学体系之外而独立存在的，总是与其他学科或多或少地有着联系。因此，渗透阅读法是我们应当掌握的读书方法。大量的相关性书籍完全可以联系起来阅读，以便加深我们对知识的理解和扩大知识面。

采用渗透读书方法，要注意如下四点：

（1）要确定阅读的内容，拟出读书计划。虽然渗透阅读法反对"按部就班"，但无论使用哪种读书方法都必须有计划，有次序，不能心血来潮，任意行事。

（2）要会查找目录索引，善于利用图书资料，以便有目的地寻找有关书籍，辐射、渗透出去。

（3）要牢记阅读中心。读书时注意学科的渗透固然重要，但绝对不可因注重渗透而脱离了读书的中心，使读书行为变成漫无边际的信马由缰，不知所终，最终迷失读书的主攻方向。

（4）在使用渗透阅读法时也要讲求积累。带读其他书时，虽然是为了解决某一问题，但是如果能顺便把带读的书略读一下，了解全书的面貌，既积累了知识，有利于今后的发展，又能较准确地理解某一问题，不至于断章取义。

总而言之，现代科学发展的特点之一，是学科既高度分化，又高度综合化。一方面，学科的划分越来越细，另一方面，各种不同学科之间的相互关联和相互渗透又越来越明显。因此，一个生活在当代的人，他不仅要懂得自己的专业，而且要具备其他学科知识。

这就是我们所说的"通才"。美国人杜拉克在《有效的管理者》一书中给通才下了一个定义："所谓'通才'，应该也是一位专家；是一位能将

其所专的小领域与其他广大知识领域联系的专家。"

雨雪潜移默化地渗透到地下，最终汇成了浩浩荡荡的暗河。百花齐放，姹紫嫣红才构成了绚丽多彩的世界。阅读的过程中，只有学会了渗透，才能实现知识水平上的广博。

第三节　滚雪球阅读法

在"千里冰封，万里雪飘"的北国，每当冬季来临、纷纷扬扬的雪花如飞絮般飘落的时候，小伙伴们欢呼着、雀跃着，不约而同地跑到屋外。在这银装素裹的世界里，心中完全忘记了对严冬寒冷的恐惧，争相用通红的小手团起一个个雪团，再将众多的雪团捏合在一起，变成一个较大的雪团，大家齐心合力，开始在洁白的雪地上一点点地滚雪球……

孩童们用小手团起的雪团起初确实很小，但经过在雪地上坚持不懈的推滚，竟然积聚成了体积相当大的雪球，最后变成了一个活灵活现的雪人。

科学家贾兰坡曾形象地比喻："搞学问就像滚雪球，越滚越大，不滚就化。"当读一本书时，如果按照兴趣点或欲望点的不断延伸，去阅读与这一本书内容有关的另外一本书，再由这另外的一本书扩展到其他的几本书，就能像滚雪球一样，让自己的知识之"球"越滚越大。这样一来，便逐渐扩大了自己的知识面，增加某一学科相关知识在自己头脑中的积累。这就是我们所说的"滚雪球阅读法"。

比如，阅读我国古典名著《红楼梦》时，当读到"金鸳鸯三宣牙牌令"那一回，要想进一步弄清古人饮酒行令的事，便去找《中国烹饪史略》来读；读到《中国烹饪史略》中我国的酒具各具风味时，再去找有关我国民俗方面的书来读。这种读书法往往是几本书放在一起读，寻根溯源，取己所需。这么一扩展，不仅欣赏了《红楼梦》，同时，有关"酒"知识的"雪球"就越滚越大了。

意大利科学家伽利略说过："人的认识是无限的，对于人的认识，任何界限都是不存在的。"使用滚雪球阅读法来读书，实际上就是突破了各学科之间的人为界限，让读书者完全按照自己的意愿和兴趣来读书，充分发挥了人类认识上的能动性。

滚雪球阅读法尤其适合青年人读书学习。因为青年时代在人的知识层次上，正是打基础的时候。在这个时期，知识面宜广而不宜窄，兴趣宜泛不宜专。应该广泛涉猎，什么天文地理、物理化学、写作外语、历史生物等等，样样要学，绝不能单科独进。

由于滚雪球阅读法是以一本书为中心，尽量阅读有关的资料，向与其相关的知识面扩展的一种方法，因此，使用这种方法，既扩大了读书者的知识面，又围绕着一定的中心，使所涉猎的大量知识成为一个有着内在联系的知识体系，也使这种读书行为不至于成为一种漫无目的的"滥读"。

富于幻想、兴趣广泛、好奇心强、求知欲强，是读书者使用滚雪球阅读法的一个必要的先决条件。爱因斯坦因为兴趣广泛，不仅在物理学上对人类有突出贡献，还是一个不错的小提琴手，爱迪生因为好奇心强，成为一个在各方面都卓有成就的发明家，杨振宁因为求知欲强，摘取了诺贝尔奖的桂冠……

兴趣、好奇心和求知欲会驱使读书者去追寻一个个"为什么"的答案，无形之中就将知识的"雪球"越滚越大了。试想，如果一个读书者对其所读书之外的一切知识统统都不感兴趣，他怎么能愿意去"滚"知识的"雪球"呢？又怎么能获得丰富的知识呢？

另外，使用滚雪球阅读法也应注意不能钻牛角尖。就好比我们只需要知道 1 加 1 等于 2，而不需要去论证为什么 1 加 1 等于 2 一样，使用滚雪球阅读法的目的是为了开阔眼界，扩展知识面，而不是针对某一项尖端学科或某一个艰深的问题纠缠不休，非要弄个水落石出。

使用滚雪球阅读法还要注意把握住知识"雪球"的度。就像儿时滚雪球一样，雪球太大，是无法堆成雪人的。知识的"雪球"应该不断地滚下去，但绝不能毫尤界限地任意膨胀。

俗话说得好："智慧是穿不破的衣裳，知识是挖不完的宝藏；书中有取不尽的滋养，学者有承不竭的智囊。"如果我们不断地将知识的"雪球"滚下去，并且不断地开辟新的读书"战场"，去积累新的知识"雪球"，那么，几个"雪球"汇聚在一起，就形成了较为广博的知识体系。

第四节　点面阅读法

"点"的读书法，实际上是读书的第一阶段。根据学习的需要确定一个大致的攻读方向，以此为前提，广泛地阅读与之相关的书籍。目的在于积累知识，以求对攻读的对象有一个总体的、粗略的印象。

"面"的读书法，是以"点"读书为目标的进一步扫荡拓展范围阶段。就是在对某一学科充分了解，把握了其大致脉络的情况下，再学习与之密切联系的邻近学科的知识。

可见，广泛的阅读博览可形成知识的"面"，专业的深度探索读书可形成学科的"点"。二者有机结合就能达到"以点带面、以少胜多"的目的。那么，如何才能做到"既有广博的知识基础，又能掌握专业的知识"、"既浏览了文章大意，又能知晓其精华所在"？

广博与精深是知识大厦的两块重要基石。它们之间有其矛盾对立的一面，也有和谐的一面。两者相辅相成，缺一不可。

知识渊博而没有专精，很容易流于"杂"。同样地，有一门精通的学问而没有广博的知识面，又很容易流于"陋"。

可以说，广博并非是读书的目的。"博"虽然有益，但出现问题时，不能给人针对性强的、有效完整的帮助。传说中有一种鼫鼠，它会飞、会缘、会游、会穴、会走。但是，它飞翔却飞不过屋顶；攀缘而爬不到树梢；游水却游不过河；打洞又不能藏身；奔跑还不及人跑得快。鼫鼠会五种本领，却没有一种技艺精湛得足以护其身、保其命。所以在弱肉强食的生物链中，它最终丧生于黄鼠狼之口而遭受灭顶之灾，也就不足为奇了。

由此可知，读书钻研学问既要有广博的知识面，也要有其专业的深度。翻开近现代史册，不难发现，在那样一个外侮内忧、举国动荡的恶劣治学环境下，却尽出学术上堪称泰斗且博古通今学贯中西、既博又专的大读书人。有革命、治学两收获的孙中山，有一代学术"托命"人——史学大师陈寅恪，有学界静狮、文苑代雄王国维，有"脚踏东西文化，一笔宇宙华章"的大文学家林语堂等人。他们不仅在"面"上的涉猎知识渊博，在各自的领域更是达到了前所未有的深度。

虽说广博与精深有其相矛盾、相牵制的一面，但是从陈寅恪、王国维等人所达到的"面"的"广博"与"点"的"精深"的自然融合中，人们不难得到一种良好的借鉴与鼓励。

人的生命是有限的，而知识的海洋却是浩瀚无垠的。所以，从这个意义上看，无论任何人，其知识的广博是相对的，即是以研究方向或研究目的为中心，以自身的努力与天分、勤勉为动力的"面"的拓展。因此，这个知识的"面"可大可小，面大可谓博览，面小可谓寡闻。

实际上，知识的"面"可以依个人的情况拓宽、加大到"无限大"，钱钟书可算是此类奇人。钱钟书博学多能，兼通数国外语，学贯中西，在文学创作和学术研究两方面均成绩卓越。看看钱钟书用古文写的《谈艺录》、《管锥编》即令人叹为观止。从先秦到近代，经史子集无不贯通。他的文言文汪洋恣肆，仪态万方，不论散文骈文、诗词曲赋，还是小说戏曲、俚语谣谚，他全能招之即来，奔凑笔端，遣词造句，隶事用典，简直如风行水上，自然成文。而其译成多国文字在国外出版的《围城》却是地地道道的白话文。他笔下的白话文，清如水，明如镜，绝少沾染西洋味、古董气与学究气，挥洒自如而又耐人寻味。尤其是《围城》，几乎成为幽默文学语言的范本。

钱钟书另一个非凡之处是他的博学。早在清华读书之初，他便立志要"横扫清华图书馆"，后来也做到了。以致当时，有一次有人要他帮忙开三本英文禁书的书目，他不假思索洋洋洒洒地开出了两张纸的书目，还包括作者姓名与内容特征，令人瞠目结舌。钱先生在清华求学阶段阅读获取知

识就已这般广泛，可以想见，其后更是如何地广泛博取。正因如此，看到夏志清称他为"当代第一博学鸿儒"，舒展称其为"文化昆仑"，任何人也不会感到言过其实了。

可以看出，钱钟书的渊博是通过其以文学为方向、贯通中外的广泛博览而成就的。亦不难看出，钱钟书的博学广闻给其文学创作提供了最有效的奠基，就是说，钱钟书的博学赋予了其作品无与伦比的魅力。

明代思想家王廷相说过："君子之学，博于外尤贵精于内。"强调的是，既要博又要专精。然而，知识面的"博"与研究点的"专"究竟是怎样一种辩证关系呢？

正如人们所知，知识是触类旁通的。博览是精深的前提，即为研究点的深度发展提供了更加广阔的天空。研究点的精深是学习的目标、博览的指导。一般说来，"面"上的知识的获取要以主攻方向的周围放展开来，没有研究点为指导的广博很容易陷于盲目。一言以蔽之，广博是精深的基础，精深是广博的方向。

初学要广，入门要深；知识面要博，钻研点要深。

第五节　拉网阅读法

古人读书，求博、求精，先博而后精。因为广阅博览乃是知识大厦赖以高耸的基石。杜甫说"读书破万卷，下笔如有神"，顾炎武说"学博而识精，理到而辞达"。他们几乎穷尽有史以来的一切主要遗著，经过博采众长、集思广益，然后由博返约、触类旁通，"汇百家之说而成一学"。从而在学术上较之于前人有所裨益、有所创新、有所突破，形成一个新的历史里程碑。

当我们今天读书时，一定要像采矿和进食那样，以多路思维构成一张大"网"，做到一矿多金、一餐多养、多层次、多角度、多侧面地"破卷取神"。这样的读书方法可以叫做"拉网阅读法"，也可称为全方位扫描读书法或竭泽而渔读书法。

为了便于深入探索，人们从理论和形式上，将知识分类加以研究。实际上，知识本身是一个庞大的系统，它就像一张巨大的渔网，环环相扣，交错纠结，密不可分。在这个系统内部，各门科学都在互相渗透着：宇宙星系，自然环境，人类社会，科学研究等等，它们本身构成了一个和谐的不可分割的大网。

根据这种规律，读书也要运用"拉网阅读法"，撒开大网，努力"网罗"、搜集更多的知识。只有这样，才能与纷繁复杂的社会及知识系统相适应。

英国作家狄更斯幼年时代家境贫穷，先做学徒工，后来当缮写员，还做过新闻记者，一生写了二十几部小说。为了搜集素材，他去工场与童工闲聊，筛选第一手资料加以储备。他还经常到马戏场和游艺园去闲逛，借以观察那些形形色色的场面和千奇百怪的言行。他还曾到监狱去同即将行刑的囚犯聊天，趁机观察处死犯人的情景，以备将来有机会把这些死囚的心理写入小说里去。

狄更斯还时常徘徊在伦敦街头，如果看到某人很有特征，他就像职业

侦探一样，兴致勃勃地追踪几条街巷，以观察他们的神情举动。他也常到一些下等公寓或者咖啡馆里，静静地站在一旁，观察、谛听、琢磨目睹的情景，感受那种微妙的气氛，然后把这些见闻一一地记在本子上。有时候，他故意巧妙地站到一些高谈阔论或者轻声低语的人们的背后，悄悄地记下那些富有个性的语言或者典型的情态。狄更斯对街市上孤高的建筑物，时常凝视默想，记下自己对这些无字书刊的感觉。

狄更斯的知识积累方式，是随意性的，是一种奠基性的知识积累模式。他使用"拉网法"，就像捕鱼拉网一样，并未在事先给自己规定一个题目，既不是为了解疑才漂入生活的激流，也不是为了达到某种明确的目的而殚精竭虑。然而，虽然他所读的是无字书，但同样达到了"拉网读书"、"竭泽而渔"的效果。

以上方法是针对没有明确读书目的的阅读者而言的。如果我们读书时没有什么具体明确的目的，在书山面前无从下手，倒不如就像狄更斯一样，面对浩瀚的知识海洋先撒拦河网捕鱼，网着什么就是什么。

被网着的东西，也许眼下看来并没有什么用处，但这些积累的知识就宛若补鞋匠收存的那些边角革料一样，反正迟早都用得着。

其实，读书本身就是一个知识积累的过程。在事事都有机会成本的情况下，多读书、读好书仍然是最值得提倡的。读书不仅没有机会成本，而且还替你节省了支出、增加了知识。即使因为你读了十个小时的好书，使你少赚了十个小时的钱，那么你仍然可以告慰自己：读好书是一项长期的投资，即使会令短期收入减少，但仍然是值得的。连不一定懂机会成本的先人们，不也早就提醒我们"书中自有黄金屋"吗！

如此说来，有了明确的读书目的，是否还要采用"拉网阅读法"呢？答案是肯定的，但具体方法却要与上述"撒大网，任意捞，捕着什么算什么"有所不同。当你阅读一本书或要了解一个知识体系时，一般应该采取以下几个步骤：

（1）"水情勘察"。调查一下"水"中是否有"鱼"，大致有多少"鱼"。就是通过全方位扫描的浏览或通读，了解全书或整个知识体系的概貌，以便从中发现有哪几方面是自己所感兴趣的内容。

（2）"拉网捕鱼"。力求把大大小小的"鱼"都拉出来，乃至"竭泽而渔"。与此同时，要下一番"去伪存真"的工夫，把那些陈旧的、错误的或者有害的东西滤除掉，筛选出至今仍然有意义、有价值的东西，进行标记或摘录。

（3）"分档拣选"。积累知识，应当分门别类，切不可各式各样的衣服料子都胡乱地堆在一起。在这一步里，应该把各种捕捞上来的"鱼"按品种进行分类。再下一番"去粗取精"的工夫，择其要者和精者，写出心得笔记。

（4）"发挥创新"。经过咀嚼、消化和吸收，把它化为自己的营养。还要下一番"由此及彼、由表及里"的工夫，从继承过程转入创造过程。

应该注意的是，采用这种拉网阅读法时需要具备两个条件：客观上，所读之书必须是广博精深之作；主观上，必须具有广泛的兴趣和网状的知识结构。知今又知古，才能做到以今测古，以古鉴今。

当然，拉网阅读法虽是一种有效的读书方法，但也只是众多读书方法大花园里的一朵小花。不应把它当作"放之四海而皆准"的"万应灵药"，尤其是在书不胜读的今天。

第六节　选择阅读法

　　如果说拉网阅读法是一种不太强调选择的读书方法，那么，在书不胜读的今天，强调读书的选择性就一点也不为过。这就是我们要讲到的选择阅读法，所谓选择阅读法，就是要学会识别书的价值和作用，进而选择适合自己阅读的书。选择阅读法，与博览群书并不矛盾，因为"群书"也是需要选择的；并且，只有经过选择的过程，博览群书才会收到读书的效果。

　　我国明末清初学者陆世仪说："凡读书须识货，方不错用功夫。"

　　英国作家柯南道尔说："我认为人的脑子本来像一问空空的小阁楼，应该有选择地把一些家具放进去。只有傻瓜才会把碰到的各种各样的东西、破烂杂碎都一股脑儿装进去。这样一来，那些对他有用的知识反而被挤了出去，或者，最多不过是和许多东西掺杂在一起。因此，在取用的时候，也就感到困难了。所以一个会工作的人，在他选择要把一些东西装进他的那间小阁楼似的头脑中去的时候，他确实是非常仔细小心的。除了工作中有用的工具以外，他什么也不带进去，而这些工具又样样具备，有条有理。如果认为这间小阁楼的墙壁富有弹性，可以任意伸缩，那就错了。"

　　英国哲学家培根说："有些书可供一尝，有些书可以吞下，有不多的几部书则应当咀嚼消化。这就是说，有些书只要读读它们的一部分就够

了，有些书可以全读，但是不必过于细心地读，还有不多的几部书则应当全读，勤读，而且用心地读。"

选择阅读，首先要精选有价值的书来读。

俄国作家车尔尼雪夫斯基曾经说过："每种学科的主要著作是很少的，其余一切著作，不过是把少数著作里说得更充分、更清楚的话加以重复罢了。"

俄国作家列夫·托尔斯泰说"理想的书籍是智慧的钥匙。"

美国作家阿尔考特说："好书使人开卷时会有所求，而闭卷时获有益处。"

英国学者斯迈尔斯说："看一个人读什么书就可以知道他的为人。就像一个人同什么人交往就可以知道他的为人一样。因为世界上有与人为友的，也有以书为友的。无论是书友还是朋友，它不仅可以增长我们的知识，而且可以陶冶我们的性情。"

英国作家菲尔丁说："不好的书也像不好的朋友一样，可能会把你戕害"。

当今世界上的书浩如烟海，种类不同，用途各异，而且各个领域具有一流水平的书籍，犹如凤毛麟角，大量的只是二三流水平。如果一个人只读二三流的书，即使耗费全部精力，学到手的也不过是三四流的学问。以有限的生命，追求无限的知识，必须掌握择优汰劣的读书艺术，选读有价值的书来读。

我国清朝有一位饱学夫子深得选读之妙。他在自家门口贴出一副对联："门对三竿竹，家藏两部书。"别人不解其意问道："明朝翰林学士解缙曾自撰对联：'门对千竿竹，家藏万卷书'，夸耀自己家贫而读的书多。老夫子博闻强识，胸藏万卷，哪里只是两部？"老夫子摇摇头说："实话告诉你们吧。我的文章得力于《史记》，论辩得力于《战国策》。几十年来，我读的书虽然不少，但下工夫最多的还是这两部。"

选择阅读，便是要找到与自己气味相投的作者和让自己产生新生感觉的书籍来读。

我国著名学者、语言学家林语堂在《论读书》一文中对如何选读书籍，有过精彩的论述。林语堂认为，世上没有人人必读之书，只有在某时某地某种心情或某种心境不得不读之书。"读书必以气质相近，而凡人读书必找一位同调的先贤，一位气质与你相近的作家，作为老师。找到思想相近之作家，找到文学上之情人，必然胸中感觉万分痛快，而魂灵上发生猛烈影响，如春雷一鸣，蚕卵孵出，得一新生命，入一新世界。"就找到了入门的向导，你就会像"尼采师叔本华，萧伯纳师易卜生，然皆非及门弟子，而思想相承，影响极大。当二子读叔本华易卜生时，思想上起了大影响，是其思想萌芽学问生根之始。因为气质性灵相近，所以乐此不疲，流连忘返；流连忘返，始可深入；深入后，然后如受春风化雨之赐，欣欣向荣，学业大进。"

那么，谁是气质与你相近的先贤呢？只有你自己知道。你找到这样一位作家，自会一见如故。苏东坡初读《庄子》，如有胸中久积的话被他说出，袁中郎夜读徐文长诗，兴奋得大叫起来，便是这个道理。

伟大的科学家麦克斯韦，便找到了与自己气质相近而又同调的老师。这位老师便是法拉第，这本书就是法拉第的《电学实验研究》一书。1931

年爱因斯坦在麦克斯韦生辰百年纪念会上曾指出：麦克斯韦的工作"是牛顿以来，物理学最深刻和最富有成果的工作"，从而使物理现实的概念得到了改变。而麦克斯韦提出的电磁辐射的概念和他的磁场方程组，是根据法拉第的电力线和磁力线的实验观察提出来的，并由此引出了爱因斯坦的狭义相对论，建立了质量和能量的等效性原理。使麦克斯韦成为历史上最伟大的科学家之一的工作，是他关于电磁学的研究，而麦克斯韦自己却说，他最重要的工作就是把法拉第的物理观点用数学表达出来。

从一定意义上说，麦克斯韦正是从所喜爱的书籍中找到了感觉，才得以进入新的世界、获得新的生命，取得巨大的成功。

选择阅读，应该坚持哪些标准和原则呢？

（1）博专结合，形成合理的知识结构。

（2）加深对本学科专业书理解的参考书籍。

（3）开阔眼界的百科知识类书籍。

（4）难易适度的名家经典著作。

（5）激发科学兴趣，启迪创新智慧的科普读物。

（6）激励心志、陶冶情操的名人传记类书籍。

总之，书籍的选择，要注意目的性、系统性、思想性和科学性。所谓目的性，就是从学习、工作的需要出发，选择那些对自己专业发展、整体知识结构的形成、人格的塑造与完善有帮助的书来读。应坚持专业从宽，相关从严；基础从宽，边缘从严；新版从宽，旧版从严；中文书从宽，外文书从严的原则。

选择阅读的图书，可以通过以下途径取得：

（1）图书馆图书目录推荐图书。

（2）报纸杂志新书介绍与评价图书。

（3）书店新书浏览。

（4）老师、家长及亲朋好友的推荐。

应用选择阅读法，还需要了解一点版本知识。读书要讲求效果，争取以最少的时间取得最大成效，了解一点版本常识，可以帮助我们更好地选择读物。

所谓版本，是指一本书经多少次传写或印刷而形成各种不同的本子。下面就是一些简单的介绍：

（1）原本：第一次写成或印刷的书本，未经作者删改和增补。

（2）修订本：内容经过增删或作重大修改后重印的版本。

（3）增订本：对内容有较多增加修订后重印的版本。

（4）选编本：从若干集子或文章中挑选的文章编辑成册的版本。

（5）注释本：解释原书字句的版本。

（6）缩写本：取精华弃枝节，将原作压缩在一定篇幅内的读本。

（7）通俗本：将深奥难懂的书，改写为浅显易懂的版本。

不同版本的书籍，有不同阅读利用价值，适合不同阅读对象，根据自己特定需求选择相应版本，可以提高阅读效率。

比如，同一作家的作品，质量上也有所差异。最能集中体现出作者创作思想、创作风格、创作水平的，是他的代表作。了解一个作家，读他的一本代表作比读三五本一般性的作品效果要好得多。

又如，同一本书，作者作过几次修改，出过几种版本，如果读最初版

第三章 博读与博读方法

本，会发现有很多提法过时，有的论证不完善，甚至有错误，回过头来再读修改后的版本，就浪费了时间和精力。

再如，同一类读物，有好几种内容相近或相似的版本，为了避免经济和时间上的浪费，只选取最好的版本来读就可以了。

因此，鲁迅先生要求我们"倘要看看文艺作品呢，则先看看几种名家的选本，从中觉得谁的作品自己最爱看，然后再看一个作者的专集。"

第七节　省略阅读法

省略阅读法，是指对阅读材料进行取舍，完成以检索、查阅或捕捉信息、了解情况为目的的阅读。现代信息时代，资讯大潮汹涌，我们没有办法也不能全部吸收，而应该把握主要或重要的内容，进行阅读。还有研究证明，一般阅读材料中有20%~50%的内容属于无意义的过渡成分。这些内容我们就完全可以放心地略去不读，从而提高自己的阅读速度，节省有限的学习时间。

省略阅读法，是一种粗略的、泛泛的抓住骨头，去掉皮毛的快速阅读方法，也是一种化难为易的读书方法。我国教育家叶圣陶先生强调："就教学而言，精读是主体，略读只是补充；但就效果而言，精读是准备，略读才是应用……如果只注重精读而忽略了略读，功夫只做了一半。"

在阅读一本资料之前，我们可以先从封面信息、提要、目录、序言、后记、图表等方面人手，通过这些内容的浏览，从总体上大致了解内容；

然后对阅读资料进行通读，选择省略和详读的内容部分，为进一步阅读创造条件。通读浏览只是粗粗一带而过，因此在通读的时候，读速可以一目十行，眼睛看到的不是具体哪个字，不是具体哪个词、哪句话，而是把所看的内容像图像一样一起收入视野，映入大脑，然后凭经验、凭这幅图像上的一两处特征，来做出判断。

在选好哪些内容详读，哪些内容略读后，就那些略读的内容，根据其和阅读材料关系远近加以取舍，对选取的内容和详读部分关系密切的部分，就可以采用粗读或泛读，以免造成知识结构、内容的脱节，产生断章取义。

在阅读过程中，如果发现阅读材料篇幅较大或知识比较繁杂时，我们可以采取分层略读。分层阅读是指在阅读时，对一本书列出若干个专题，即读书目的，每次都围绕一个读书目的寻找书中的相关内容加以阅读；之后，再抓另一个读书目的，选取相关内容进行阅读，以此类推直到完成所有预期的读书目的。这样，有目的地阅读材料，可以让我们在很大程度上增强阅读效率和效果。

在略读过程中，要注意不要让自己陷在细节之中。在阅读的过程中，我们的目的是增加知识，而作者所传达的某种观点就是我们的学习目标。细节的作用则是对观点进行阐释，帮助我们理解这一观点。比如在翻阅报纸时，很多时候我们看一下报纸的主要标题、副标题就可以大致了解作者的观点，然后再根据标题寻找文中相关字眼，就可以笼统地把握文章大意。如果你觉得没有必要对这一事件进行详细的了解，这样做就够了。

在略读过程中，要注意跳过自己不需要了解的部分。有时，我们需要

掌握一定的细节资料，以更好地理解作者的观点，但是我们也没有必要知道所有的细节，只要把握与主题有关的细节就行了。比如，一篇论文，里面涉及很多内容，而我们只是想了解其中的某个知识点，我们就可以大刀阔斧地砍去自己不感兴趣的部分，留下充裕的时间阅读相关部分的内容。

在略读过程中，要注意寻找主题句。当我们一时找不到自己感兴趣的内容部分时，我们可以寻找主题句。一般地说，文章的段落中常会有概括性的重点句，就是我们要找的主题句，然后就这些主题句确定内容是否是自己感兴趣的。

略读的精髓在于忽略一切可以忽略的内容，集中精力找到重点所在，快速地了解内容大意。略读中，略过生疏的词语、难懂的段落，快速抓住书中能够立即理解的材料，这些材料足够在你的思想中构筑起一个坚固的立足点，你从这个立足点出发，一步一步地向上攀登。哪怕你了解的内容只有 30%～50%，只要坚持读下去，便可以使原来晦涩难懂的章节逐渐变得明朗起来。

当然，一个人永远也不可能从略读中得到精读和研读所给的东西，但从略读中，却能够令人惊讶地得到内容的大意，让你感觉到这本书并不像想象中那么难以读懂。

比如，阅读莎士比亚的剧本《哈姆莱特》，忽略不能读懂的地方，坚持读完，谈谈心得，你便会产生再次细心研读，彻底了解它的动机。

省略阅读法的典型应用就是美国流行的一种叫做"30—3—30"的阅读方法。这种阅读法的含义是把文章分为三类：分别用 30 秒、3 分钟、30 分钟时间读完。

我们都知道，时间是一维的，具有不可往返性。因此，时间显得特别的宝贵，所以我们读书时要善于利用时间。以读报纸为例，首先用30秒的时间去看报纸的标题，如果认为文章对自己无价值或不感兴趣，那么就算读完了，要想稍微深入一点了解文章内容，就再用3分钟的时间看内容提要，或粗读、略读全文，若还需要进一步了解文章详细内容，则再用30分钟时间通读全文，或精读重点段落。

这种读书方法带有较强的读书意识，要求每个人阅读时根据自己的兴趣爱好、知识水平和知识结构与背景，科学地安排时间，有选择地进行阅读。

比如学生在读书的时候，一本书拿过来，里边的内容不一定都必须去精读一遍，这就需要你用"30秒钟、3分钟、30分钟读书法"合理安排、有步骤地阅读有关书籍。先用30秒钟的时间把书的目录大概看一遍；再用3分钟挑选出你想要了解的标题，最后，把需要你去深入理解、斟酌的内容再用30分钟或更长一点的时间精读一遍。在当今书籍、报刊众多的情况下，这种阅读方法显得尤其重要。凡在事业上有所成就的人无一不是利用时间的能手。合理安排时间，就等于节省时间。

"30秒钟－3分钟－30分钟"这种读书方法和泛读法关系较为密切。泛读法通常指为了概括地了解文章或片断的主要内容而进行的一种快速读书法。它与略读法一样，常常与精读法相对而言。

泛读法它只要求从文章整体着眼，在跳跃式的阅读中把握表达中心思想的主要句子，不必依次去读每一个句子，更用不着咬文嚼字，这时就可以用3分钟的时间去读。一旦对文章或片断有了一个概括的认识之后，就可以进一步确定是否有必要、有兴趣或仔细地阅读全篇，这时再用30分钟的时间。这种时间分配的阅读方法，注意力必须要高度集中。只有注意力集中才能在大量的文字信息中捕捉到必要的信息。

中学生读书看报，往往不分良莠，不考虑知识的价值，一律从头至尾看下去，得来的知识是杂乱无章的。譬如看报，各个版面的内容不同，哪些是自己急需的，哪些是自己暂时还不需要的，哪些是自己不需要的，首先要用最快的时间30秒钟扫读一番，再以标题、重点语、图表等为主要阅读对象用3分钟的时间阅读找出是否有必要精读的、有必要详细了解的，再用30分钟去详细阅读一遍，挑选出值得你去深入研究的重要信息。这种读书法能令读者不至于为一些无关紧要的信息、内容费时太多。

第八节　不求甚解阅读法

当我们提起《桃花源记》这篇精美的散文时，便会立刻想到它的作者陶渊明。陶渊明是东晋的大诗人，他不仅诗作得好，散文写得美，而且在读书方法上也有独到之处。他在《五柳先生传》中自述"好读书，不求甚解，每有会意，便欣然忘食"。

后来人们根据这句话，取其精髓，总结了不求甚解阅读法。

对不求甚解阅读法，历来褒贬不一。有的人认为是行之有效的读书方法，有的人则认为这种读书方法是提倡粗枝大叶的作风，是在误人子弟。那么，究竟应当怎样理解"不求甚解"读书方法的实质呢？

《辞海》对"不求甚解"有两种解释：一是出自陶渊明的《五柳先生传》，"原意是读书只领会要旨，不过于在字句上花工夫"。一是"今多谓学习或工作的态度不认真，不求深入理解"。显然，陶渊明的"不求甚解"不属于今天所指的不认真。

在此，我们应当指出，陶渊明的"不求甚解"是建立在"好读书"的前提之下的。因为只有"好读书"，方可谈"不求甚解"；否则，"不好读书"就谈不上"求甚解"或"不求甚解"了。

另外，我们在理解这一问题时，还要与当时的历史背景联系起来看。陶渊明所谓的"好读书"，主要是指读经史典籍。由于在那个时代学术界盛行训诂（训诂就是对古书字句的解释），而汉代的经学家所作的注释，连篇累牍，空洞繁琐，离题万里。更有甚者，可将解释几个字的文章，写成洋洋两三万字。这种寻章摘句，牵强附会的解释，对读书不仅无益，反而浪费了许多时间和精力。所以，在这种情况下，陶渊明才提出读书"不求甚解"的方法。

再者，陶渊明的"不求甚解"，也不是提倡马马虎虎，漫不经心。而是在博览群书的基础上求"会意"。"会意"就是领会书中的精神实质，而不是死抠皮毛上的东西，在文字上钻牛角尖，他所提倡读书的要诀，全在会意。

由此不难看出，陶渊明的不求甚解阅读法，与不认真绝不能混为一谈。其用意是在博览群书时，明白它的意思就可以了，不必去咬文嚼字；暂时弄不懂的，可先放放，在读其他书时，可能一下子就弄懂了以前不懂的东西，这样既节省了时间，又把书读活了。

第三章 博读与博读方法

南宋的哲学家、教育家陆九渊的读书方法与陶渊明的"不求甚解"法有相似之处。他说："读书且平平读，未晓处且放过，不必太滞。"当代学者邓拓对此的解释是：这就是所谓的"读书不求甚解"的意思。本来说不求甚解，这并非真的不要求把书读懂，而是主张难懂的地方先放它过去，不要死抠住不放，也许看完上下文之后，对于难懂的地方也就懂了；如果仍然不懂，只好等日后再求解释。这个意思对于我们现在的年轻读者依然有启示作用。

邓拓对不求甚解阅读法还有自己的独到见解。他认为，陶渊明主张读书要会意，而真正的会意又是很不容易的，所以只好说不求甚解了。可见，这"不求甚解"四个字有两层含义：一是表示虚心，目的在于劝诫学者不要骄傲自负，以为什么书都能一读就懂，实际上不一定真正体会到了书中的真意，还是老老实实承认自己是不求甚解为好。二是说明读书的方法不要固执一点，咬文嚼字，而要前后贯通，了解大意。

总之，不求甚解阅读法，是陶渊明、陆九渊等人在大量的阅读实践中，积累了丰富的阅读经验之后，总结出的一种深刻、辨证的读书方法。

我们既不能断章取义，偏颇地理解它，更不能从贬义的角度把它理解成"不认真"或"马虎"。特别是在当今知识爆炸、知识更新的时代，如果每本书都要一丝不苟地去读，那么要读到什么时候呢？所以，我们认为不求甚解阅读法也是一种行之有效的读书方法。它能帮助人们从浩瀚的信息中迅速地提取自己需要的有效信息。

在此，虽然介绍了不求甚解阅读法的许多可取之处，但不妨还要提醒一点，选择读书方法一定要根据各自的实际情况、读书的对象来选择。比如中小学的学生，他们的个人理解能力有限，在学习课本上的基础知识时，就要采取一丝不苟的态度，不懂不要装懂，要勤学多问，直到把问题弄明白为止；而在读课外读物时，可采用不求甚解阅读法。其步骤和要点是浏览、存疑和会意。

浏览，是指在自己的时间和精力允许的情况下，广泛浏览各学科的知识，扩大知识面，吸取新信息，这样不但增长了新知识，而且也有助于基础知识的学习。

存疑，是指在浏览的过程中，会碰到不能理解的问题，因为，即使好读书的人，也不可能对所有的书一看就懂，暂时解决不了的问题，可先放一下，待以后再解决。一旦有机会弄明白了，就会非常高兴，这样可提高读书的兴趣。

会意，就是领悟。从存疑到领悟是一个提高的过程。读书时要带着问题读，随着理论水平的提高、知识面的扩大和实践经验的不断丰富，就可以加速到达会意的境地。这就是不求甚解阅读法的本意所在。

在采用不求甚解阅读法时，一定要理解其真正含义，避免片面。只有这样，才能在浩瀚的知识海洋中，更快地吸取到更多的新知识。

第四章　快读与快读方法

　　人们读书的速度和效率的差异是惊人的。同样是一本十几万字的书，有的人一夜之间就把它看完了，并且能提纲挈领地掌握其主要内容、中心思想。而有的人读了三五天，甚至十天半个月也没看完。按道理后者花的时间多，学到的知识也应该多而牢。其实不然，慢腾腾看书的人，不一定都能读深学透。有人曾对大学生作过实验调查，发现那些迫切想知道书中内容的读者，比起那些从容不迫，按部就班的读者来，对书的内容理解得更深，记得更牢。之所以会收到这样的效果，就是因为快速阅读在起作用。

　　快速阅读，就是在单位时间内使阅读的内容呈多倍的增长。快读阅读，主要采取整体认知的方式，结合已掌握了的构词方式、句子结构、句与句之间的关系等一般规律和模式，不是一字一字地读，而是一句一句，一行一行地看，甚至"一目十行"地看。快速阅读不允许粗略，更不允许错，而要以"准"为基础，以"理解"为前提。快速阅读是获取知识的加速器，在"知识爆炸"的当今时代，我们应当人人都具备速读的技能。一个人如果不能高速度地获取人类创造的新知识，以此来充实自己，就必然跟不上时代的步伐。培养快速阅读能力，不仅是扩大知识面，适应社会和时代发展的需要。也是提高学习效率的重要途径。

第一节　快速阅读

快速阅读，简称快读或者速读，顾名思义就是用比平常人快几倍、十几倍、几十倍、甚至上百倍的速度进行阅读。

快速阅读，是在注意力高度集中状态下，从文本当中迅速吸取有价值信息的一种学习方法和工作方法。绝大部分人的平均阅读速度约为200～300字/分钟左右，而掌握了快速阅读技巧的人则能以2000字/分钟以上的速度阅读书籍和资料，熟练者能达到或超过10000字/分钟。

从阅读方式来考察，可以把阅读分为两大类：其一是慢读，即按照字、词、句逐个来读，我们把它叫做传统阅读法，也是语文教学中的精读。字斟句酌、细嚼慢咽是它最大的特点；其二就是快速阅读，即一目一行、一目数行甚至一目一页地阅读，以便从文字材料中迅速攫取感兴趣的、对自己有价值的信息的阅读方法。不仅速度快而且理解记忆程度高，这才能在尽可能少的时间内获得尽可能多的有用信息。

快速阅读强调的是阅读速度尽可能加快，但决不应是泛泛地浏览或不求甚解地走马观花。也就是说，快速阅读不仅仅要求阅读速度快，而且要求理解率高、记忆效果好，这样才能在尽可能少的时间内获得尽可能多的有用信息。所以，快速阅读应该是在注意力高度集中状态下，以获取有价值信息为目的的一种积极的、创造性的理解记忆过程。快速阅读的真正意义不在于阅读的速度有多快，而在于在快速阅读过程中获得"快速理解＋快速记忆"。也就是说快速阅读者能够用和快速阅读同样的速度来同步理解所阅读的内容，并且同时比较牢固地记忆住所看到的内容（包括重要细节）。即所谓"一目十行，触目即懂，过目不忘"。因此，快速阅读的重要作用是通过提高我们对知识和信息的鉴别能力、吸收能力和存储能力，进而提高学习和工作的效率，提高成功的比率！

快速阅读，是从文字读物中迅速提取有用信息的高效读书方法，是一种高级的阅读能力。下面，我们就从几个不同角度来分析一下快速阅读。

首先，就快速阅读的目的而言，它是一种"去粗取精"式的阅读，也有人称之为"扫描"式或"跳跃"式的阅读，虽然不太准确，但还比较形象。正如爱因斯坦所说的那样，快速阅读就是"在所阅读的书本中找出可以把自己引到深处的东西，把其他一切统统抛掉；也就是抛掉使头脑负担过重并将自己诱离要点的一切。"这就是说，可以把书中那些无关紧要的引文、图表、推理过程等"省略"或者"跳跃"过去，而使目光像雷达搜索和追踪目标一样，敏锐地抓住书中的重点、要点和脉络来阅读。这样，我们就可以用较少的时间去赢得较大的阅读量，用较少的精力获得较多的知识和信息。

第二，就快速阅读的性质而言，它是一种运用内部语言对文章进行简缩的阅读。要简缩，就离不开"内部言语"，即无声的思维语言，这是人们在头脑中思索、解决问题时产生和运用的言语，具有简缩、跳跃和无声的性质。一般来说，未经训练的人眼球接受文字信号的速度大大低于大脑的思维速度。视觉感知文字符号时要一个一个或一组一组地进行，还需要眼停和眼跳的配合，每次眼停（对文字注视）需 1/10～3/10 秒左右。阅读过程中眼跳所需要的时间仅仅占 5% 左右，其余的大部分时间用于眼停，这是造成感知文字符号速度慢的重要原因。相反，人的思维进行得非常迅速，特别是使用内部言语思维，有很强的跳跃性、简缩性，常常是一闪而过。这样一快一慢，两者不能协调运作，效率当然就很差，阅读速度自然受到制约而快不起来；反之，把二者协调好，使其趋于同步，就成为快速阅读的重要基础。

第三，就快速阅读的方法而言，它是一种"眼脑直映"的科学运用视力和脑力的方法。快速阅读省略了语言中枢和听觉中枢这两个中间环节，即文字信号直接映入大脑记忆中枢进行理解和记忆。这是一种单纯运用视觉的阅读方式。许多人对这一点感到疑惑，以为自己没有这种能力。其实，这是在识字过程中形成的一个习惯，是完全可以改变的。例如，先天性聋哑人的头脑中是没有声音的概念的，自然不能读和听，但是经过教育，不仅能够读书、看报，而且其阅读速度比一般正常人要高。所以，"眼脑直映"的方式是我们每个人都能掌握的，是真正的"看"书。

巴尔扎克曾对快速阅读做过详细的观察和细致的描写："在阅读过程中，他吸收思想的能力是罕见的。他的目光一下能抓住七八行，而且他的智力理解意义的速度与眼睛的速度相等，往往是一个唯一的词便能使他掌握全句的意义。"这就是说，对文章的内容不是"读"懂的，而是"看"懂的。

第四，就快速阅读的效果而言，它的优势在于快，能够在很短的时间处理大量的文字材料，这对于学生学习知识，对信息检索、筛选、甄别的意义是相当大的。那么，是不是快速阅读除了快以外就没有其他优势了呢？完全不是。经过科学、系统地训练的快速阅读，其整体文章的理解水平和记忆水平都要明显高于传统阅读。

人们普遍认为，延续了几千年的细嚼慢咽的精读，是理解记忆最好的阅读，这其实是一种误解，是把理解和记忆混淆的结果。精读是最利于词句理解的阅读，却是不利于整体理解，更不利于记忆的阅读。其原因就是精读的过于缓慢的节奏和大脑处理信息的节奏差距太大，两者不协调，不匹配。而快速阅读却相反，它的节奏和大脑处理信息的节奏更接近，更容易协调和匹配，所以是最有利于记忆的阅读。因此，我们在阅读过程中要针对不同的阅读目的，或读物的深浅、难易程度的不同，采取不同的阅读方式：需要深刻理解的部分，用精读；需要深刻记忆的，用快速阅读；对艰深的，用精读；对浅显的，用快速阅读。根据阅读目的和读物的不同，分别采用不同的阅读方式，才是科学的合理的阅读。

第二节　影响快读的因素

提高阅读速度的根本是速度观念，就是让自己比过去读得快。当然，这首先要提高速度，然后考虑理解率。当你迫使自己读得更快的时候，你的大脑就不得不为了适应这种快速度而快速理解。在加快阅读速度，提高阅读效率之前，我们要努力克服一些阅读中不自觉养成的坏习惯。这些不

阅读的方法与技巧

良的阅读习惯让我们觉得读书是一件沉重、麻烦的事，犹如老牛拖车，从而事倍功半。

（1）在快速阅读中，要克服发音影响的问题。

从表面上看，默读时人的嘴唇、舌头和其他发音器官都没有动。

实际上，所有这些器官都处于一种潜动状态。这种发音器官的潜动程度首先决定于阅读力的高低和文章的难易程度。默读的习惯越差（小孩就是这样），文章的难度越大，那么，发音也就越响，潜语也就越强。

所谓潜语，就是一种无声的思维语言和自我对话语言。这种语言是在我们默读的情况下产生的。在这种情况下，我们像平时一样，是通过自我对话时的那种潜语进行思维的。

由于表现程度不同，可以把潜语分成两种形式：扩展语和缩略语。在慢读的情况下，就会出现扩展语。这是一种特殊的潜语，其速度大体上同放声朗读时一样。

打个比方来说，采用这种方法，与其说是用眼睛看，不如说是用"耳朵和嘴"念，因为有用的信息是在经过言语听觉系统加工之后才传递给大脑的。众所周知，言语听觉系统的灵敏度比视分析系统低得多。

有意识地控制读书声，可以使潜语大大缩减。读者在这种情况下就可以不采用所读材料的全部词汇，而只选用其中的某几个词，甚至只是一个完整的形象。只有采用经过压缩的潜语，才有可能快读，才有可能一下子就把握住全文的思想。

实践表明，照词宣读是多数读者的习惯，成人、小孩无一例外。这种习惯是人从幼年开始学习阅读时就养成的习惯。小孩开始读书时，先是一

个字母一个字母地念，后来改成一个音阶一个音阶地念，直到最后，才学会一次念出一个完整的字。

于是，在用眼睛看还有用嘴读之间就形成了一种条件反射关系和难以改变的习惯：先是高声读，再是低声读，最后改成默读。同任何习惯一样，这种习惯也是十分顽固的。有的读者一再宣称，他读书时一点也不出声，可是，只要用仪器一查，就发现事实并不是这样。在一次实验中，科学家用 X 光照像术检查了阅读过程中的音量变化。照片有力地说明，甚至那些阅读速度很快的人，喉咙里也有声音。这便是影响阅读速度的各种结果要素中最严重的一条。

与此同时还必须说明，想克服这条缺点是很不容易的，因为它已形成一种条件反射。因此，多数教育专家往往提出一些毫无起色的建议："读，尽可能地快读，这样就会自然而然地克服发音毛病。"在这里，只能影响到结果要素，而影响不到缘故要素。因此，对这种建议持怀疑态度者不乏其人。

（2）在快速阅读中，要克服视野狭小的问题。

所谓视野，就是看书时目光一次所控制的接收面。采用传统阅读法，眼睛所看到的只是几个字，充其量也只是两三个词，足见视野是多么狭窄。由于这样，眼睛要做多次不必要的跳动和停顿。这就叫做目光分散现象。视野越大，眼睛在停顿时所接收的信息也就越多；视野越大，目光在一篇文章中所停顿的次数也就越少，因而阅读的效率也就越高。善于快速阅读的人目光撒下去所接触的不是两三个词，而是整整一行，完整的一句，甚至是整个一段。

整句整句地阅读是一种非常有效的方法。这不光是从快速这一个角度来看问题，因为这种方法能够深刻地、准确地理解所阅读的内容。之所以这样，原因就在于，一目十行的方法能为全面深入地了解阅读内容大意提供一个总的概念。

严重影响阅读速度的还有目光从文章的前一行末尾移向后一行的开头所见的无效劳动的多少。一页有多少行，就会有多少次无效转移（即眼睛的无效运动）。这样浪费的不仅是时间，而且是人们的精力。在快速阅读的情况下，眼睛的运动量会大大减少，因为目光只是一种垂直运动，是沿着文章的中心自上而下运动。

（3）在快速阅读中，要克服重复阅读的问题。

重复阅读意味着，目光在回头寻找未弄懂的内容时做了无效劳动。要找到这些词和句，就得一段段地再看一遍。同一行内的重读造成了目光的逆运动，而不是初始运动。虽然距离近，但是目光只是局限在预想的特定范围内，只是局限在刚刚读过的一个没有准确理解的词语上。

这是一种普遍的缺点。一些读者为了加深印象往往无意识地对所有的文章（不论是容易的，还是复杂的）都要读两遍。

在慢读的情况下，重复阅读是一种常见现象，重读现象发生的频率也极高。不难理解，目光如此频繁地来回波动，必然会严重影响到阅读速度。

慢读除了产生重复阅读现象之外，还会引起目光的逆运动，这种现象是在文章内容复杂的情况下引起的。这种逆行现象是传统阅读法的另一缺点。如果经常阅读，就会减少疑难问题，因而也会使回行现象变得没有必

要。但是，还有一种重复是在出现新思想的情况下产生的，因而视为必要重复。某些专家把有意识地重读不叫做重复，而称为再获取。就其实质而言，如果把重复看成是一种不自觉的、机械式的运动，那么，再获取便是一种有意识地、有目的地、因而是有根据地重读。再获取的主要目的无非是为了更深刻地理解已经读过的文章。快速阅读法只是主张在读完全文之后再进行重读。

（4）在快速阅读中，要克服缺乏灵活性的问题。

上面谈过的那三大缺点都是属于所谓的结果要素，对其进行锻炼是必要的。但是，这种锻炼并不能决定阅读的速度。在这里，最重要的是改变缘故要素，也就是说，要改变控制阅读过程的大脑机制的工作。

俄罗斯的列昂季耶夫在他的作品中指出，对于快速阅读问题来说，重要的与其说是个速度问题，不如说是个可能性问题，也就是说，是个通过正确选择理解阅读内容的可行方案，以达到获得大量信息的有效性问题。很显然，这种或那种速度、这种或那种方法归根到底都服从于读者为自己提出的目的、任务和方针。因此，只有训练出一套运用自如的方法，只有善于针对具体情况灵活地采用具体的手段，方能提高阅读力。

必须指出，没有正确的阅读方法，害处是很多的。通过初步实验已经证明，哪怕掌握一种最简单的方法，如整体阅读规则，就能使阅读速度提高一倍，阅读效果也提高一倍。

（5）在快速阅读中，要克服注意力不集中的问题。

大量观察表明，阅读速度慢的原因往往是思想开小差，注意力不集中。多数读者的读书速度大大低于他们思想集中时可能达到的程度。读书速度慢的人一拿起书马上又想到别的事，思想一不集中，读书兴趣也就下降，因此，虽然看起来读了一大片，实际上书中的内容并没有理解。

根据上面的分析，我们知道，要做到快速阅读，就是要克服影响快速阅读的各个影响因素，从而提高自己的阅读力。

第三节　无声阅读法

无声阅读法，是指在阅读时，大脑直接感受文字的意思，不必通过发音器官将文字转换为声音的一种快速阅读方法。采用无声阅读，由于发音器官受抑制，视觉不受逐字换音的牵制，因而视角广度大，便于以句、以行、甚至以段、以页为阅读单位进行阅读，还可以根据阅读目的需要游览、跳读。由于是直接理解文字的意义，省掉了发音阶段，所以阅读速度比出声读的速度快。据研究，就一般读者来说，无声阅读的速度是出声阅读的速度的3倍左右。无声阅读是快速阅读基本要领之一，要掌握快速阅读法也就必须掌握无声阅读法。

无声阅读不等于默读。默读虽然听不出发音，但它实际是在自我听读，也就是说大脑的语言运动中枢以及相关联的发音器官都是处在强烈的冲动之中，用科学仪器可以测出它们的运动状况，阅读时，存在着一种压得很轻的、不为人所察觉的声音。这种内听现象，在默读时广泛存在。采用无声阅读法阅读，则完全排除了内听，它将对文字的理解由压缩后便于思维的内部语言来反映。这种内部语言是一种不借助声音的语言，它是一

系列能反映文章内容的关键词，这些关键词去掉了许多多余的、次要的信息，是一种缩语式的无声语。

要运用无声阅读法，必须学会严格控制发音，直接感受文字的意思。归纳起来，无声阅读的关键是克服"四动"。

第一是"唇动"。嘴唇轻轻启动，发出非常微弱的、人耳听不到的声音。

第二是"舌动"。这种情况更不容易察觉，想都难以想到。当我们将嘴闭合的时候，舌头是静止的，可当我们开始阅读的时候，舌头仍然处于静止状态，我们都会认为它没有别的动作，没有再出声。可是，舌底下有块肌肉却没有停止活动，它在微微颤动，而且很"忙乎"，上下急速地颤动着。它在干什么呢？那是它与喉部声带一起在偷偷读书呢！我们却毫未察觉。

第三是"颏动"。这也是在偷偷发声，发出我们人耳听不到的声音参与阅读，这就降低了阅读速度。

第四是"喉动"。它与舌头底下那块肌肉一道，在偷偷地参与阅读。它也是难以被发现的，只有把高度灵敏的话筒系在脖颈上，随着阅读活动的进行，扩音器里才能传出轻微的声音。

如果这些不易察觉的潜读动作不能被有效克服，就会影响快速阅读。克服的方法如下：

（1）把整个喉咙部分的肌肉全部放松。

（2）把嘴唇合上并含上一块糖，它能帮助消除舌头下方肌肉参与阅读的颤动，经过一段时间锻炼之后，舌头下方肌肉偷偷参与阅读的动作消失了，就可以不必再含糖看书了。

（3）我们可以检查喉咙是否还在潜读，把双手轻轻地放在喉咙部位，阅读中它如发生任何轻微的带有一定节奏的颤动，那就说明它还在进行潜读，这时候，你可以按上述方法加以克服。

（4）克服颏动及膈肌颤动的办法是保持正确的阅读姿势，快速阅读的高速并不意味着呼吸速度也要加快，那样做，不利于实施快速阅读。快速阅读时，大脑处于高度集中的注意状态，而身体器官要放松。学会腹式呼吸，有利于全身肌肉和其他器官的松弛，有利于克服颏动和膈肌颤动。

另外，下列两种方式也可用于训练无声阅读。

一是人为机械地、强迫性地控制发音量。例如，舌头抵在唇间、或者口里含个东西。这种方法能从根本上控制语言运动分析器（发音器官：口腔、齿、唇舌等）的末梢神经，但不会控制中枢神经部分。因此，初学时可采用此法，而要完全控制阅读时的发音量，却不能依靠这种办法。

二是节奏敲打法。默读文章时，手指头按着一定的节奏进行敲打，这种连续性的有节奏的敲打既能防止内发音。又能防止外发音，掌握快速阅读法的关键，是正确地掌握有节奏的敲打法，应当按照音乐的节奏进行敲打，常用的是 2/4 拍，第一小节敲打 4 次，第二小节敲打 2 次，每小节的第一拍打得较响。训练时，可以有节奏地自行敲打和反复练习，在一般情况下，只要有节奏地敲打上 20 小时就能够有效地控制音量。

第四节　浏览阅读法

英国著名学者狄慈根说："我阅读关于我所不懂的题目之书籍时，所用的方法，是先求得该题目的肤浅的见解，先浏览许多页和许多章，然后才从头重新读起，以求获得精密的知识。"

在读书的问题上，每个人的方式和方法不尽相同。或许你会发现，有些书是匆匆翻了一遍就放过去了；有些书虽然细细读过，但读完就了事；有些书只需读读开头，就不再去理会；而有些书则经过多次的反复阅读，甚至还做了读书笔记。

读书方式虽然多种多样，但是，如果进行归类，实质上只有两种，一是观其大意，知其概略即可的"浏览"方式；一是认真寻究，取其要领的"详读"方式。

这两种读书方式，就时间来说，前一种可以节省些，后一种要花得多一点；就效果来说，前一种要差一些，而后一种则好得多。但是，不论是"浏览"还是详读，都十分重要，因为它们是提高读书效率的相辅相成的对立统一形式，必须予以足够的重视。

浏览就是在读一本书之初，先概括地审察一遍。这个阶段特别着重看书的序、前言、内容提要、目录、正文中的大小标题、图、表、照片，以及注释、参考文献和索引这些附加部分，以便对全书有一个总的直觉印象。这不仅可获得对全书框架的大体了解，还可以把自己原先已掌握的有关知识与经验调动起来，为进一步阅读和研究打下良好的基础。

古今中外，凡学识渊博，大有成就的名人、学者，无一不是把"浏览"和"详读"有机结合起来的典范。

被誉为世界文坛中最有成就的作家之一的鲁迅，在博览群书时有一个习惯，叫做随便翻翻，也就是轻松地浏览一般的报纸杂志，有时从一本书里选一篇或几篇文章读读，有时甚至只看看目录。

也许有人会问，这样读书能有收获吗？其实，我们在这里所讲的浏览并不是"随便翻翻"的代名词，而是一种很有价值的读书方法。

书海漫漫，如果每本书都一丝不苟地读一遍，一则时间不允许，二则有些书报也无认真研读之必要。所以，对一般的参考性书籍、资料性书籍和消遣性书报，只需要随便地"浏览"一下即可，这样既省时间，而且效率也高。

鲁迅说，要想得到一点东西不容易，"随便翻翻"却可以帮助我们广收博采，不断积累和获得学问。

许广平在《鲁迅回忆录》中说，鲁迅单在 1912～1913 年读过的书就有诗话、杂著、画谱、杂记、丛书、尺牍、史书、汇刊、墓志、碑帖等等；此后几年间。还有诗稿、作家文集、壁画、造像、画集以及世界名人的一些作品。据不完全统计，鲁迅的藏书现在还保存着的，就达 3800 多种，12000 多册，其中还有 5000 多张碑拓片。

这些书，绝大多数都是鲁迅"浏览"过的。

可以想见，鲁迅先生若不采用"浏览"的读书方法，而是每书必"句句研读"、"一一探索清楚"，那是无论如何也读不了这么多书的。

对鲁迅的浏览式的读书法应怎样认识呢？首先是他养成了良好的读书习惯和浓厚的读书兴趣。书在手头不读不快，总要"看一遍目录"或"看几页内容"，从中获得知识。其次是鲁迅把"浏览"作为一种调节读书气氛、消除疲劳的有效方法。因为他在运用这种读书方法时，"往往在作文或看非看不可的书籍之后，觉得疲劳的时候，也拿这玩意作消遣了，而且它也的确能消除疲劳"。

"随便翻翻"是浏览，是泛读，鲁迅强调要把泛读和精读结合起来，使两者相辅相成。要在浏览的基础上，根据自己的基础和爱好，尽可能结合工作和专业，选择一种或几种专业书籍作系统地精深地钻研，持之以恒，使自己的知识向着全面系统的方向发展。

人们主张读书采取"浏览"的方式，那么浏览读书法的要求和目的是什么呢？

第一，是为"详读"作准备的。因为在"详读"某一本书之前，首先需了解一下这本书的主要内容及章节安排，摸一下底，做到心中有数，以便在"详读"时有个重点，进行深入的钻研。从这层意义讲，"浏览"是为"精读"打基础。

第二，对一部书是否有必要去"详读"，浏览一遍，再作决定。从这个意义上讲，"浏览"是为"详读"作好选择，进行"投石问路"。

第三，"浏览"是为了开阔视野，丰富知识，争取在短期内用少量的时间尽可能地多读一些书。

第四，"浏览"也含有在"详读"之后调剂一下大脑的作用。这样既可解除疲劳，又可不浪费时间。

浏览的速度是很快的，大有"一目十行"之势。据专家统计，一般人读书的速度，平均为每秒钟 7 个字，读 30 分钟是 12600 个字，也就是大约 15 页书。浏览则要比这种速度快得多，30 分钟就可读完一大本书。

但是，"浏览"与"详读"的要求不完全相同，但也决不意味着可以马马虎虎，不假思索地"走马观花"。

浏览是获取有用信息的补充手段，是在学习过程中一种有效的提高速度和效率的方法。

第五节　跳跃阅读法

跳跃阅读法，是按着一定阅读目的，眼睛轻快地跳过次要内容，直接检索关键词句，切入主题，或者凭借直觉快速捕捉引起阅读兴趣的内容，找到阅读目标的一种阅读方法。

跳跃阅读就是对读物不全读，而是择需摘要地阅读或变序阅读。

阅读时，以最快的阅读速度挑选文章中最重要的章节或段落，或抓住文章的筋骨脉络有重点地阅读，把无关紧要的文字、图片、解释等搁在一边；或当读明白了重要章节后，再由果采因，以重点带全文。阅读某一段落，只要抓住几个关键句子和与之密切相关的某些重点字词，就可以了解这段大意，其余的就可以跳跃过去。

根据世界科学飞速发展的形势，著名科学家钱伟长对跳读提出了自己独到、深刻的见解。

钱伟长说，"有人主张读什么书都要循序渐进，对每一个难关、每一句话都要搞通弄懂。我认为不能绝对化，要从实际需要出发，因为我们要学的东西很多，如果读每本书一遇到不懂的地方都要去死抠，势必要花费很多时间和精力，就会像小脚老太走路那样，走走停停举步不前，进度就太慢了。我认为读书也可以学三级跳远的方法，首先要弄懂最要紧的地方，次要的地方一时不懂可以跳过去。因为有些问题初看时可能不懂。但等你读完一二章后，不懂的地方可能就会清楚起来。甚至有些重要的问题暂时也可以放一下，因为越是重要的问题书上越是提得多，前面提的时候可能不清楚，到后面再提到的时候，就可能容易理解了。"

我们从众多报纸、期刊、网页检索到所用书刊，有时只需要了解一本书的大概内容；有时需对一本书或者作者作大致了解，以备用时细读；有时问题答案散见于不同地方，需作快速搜索，为了节省时间和精力，便需要通过跳读，直接切入主题，实现阅读目标。

跳读是眼睛不规则地快速活动。

跳读时，大脑带着阅读任务，眼睛追寻阅读目标，或从左往右，或从右往左；或按顺时针方向，或按逆时针方向快速跳动，寻找能够显现主题或者任务目标的重要语汇，跳过其他内容。

跳读，可以根据文体结构特征寻到写作思路，凭借直觉，判断重点所在，直奔主题句、重点句，提取所需信息；跳读，可以借助首尾句的提示，跳过其他部分，从头到尾，贯通全篇，快速把握全书基本内容；跳读每本书的标题、每章内容提要，书后结论，可以理解全文的主题和中心；只跳读与阅读目标有关的中心语句、关键词，可以很实现阅读目标。

比如，应用跳读法，阅读有关科技文献资料。据科学家研究，一般科技、社科文章的组织结构大体包括名称，作者，导语，内容，事实、数字、公式之类，新奇点，争议点7个部分。那么，在阅读中，我们采用快速跳读，可以敏锐地抓住新奇点与争议点，将其他部分统统抛去。

因为导语、事实、数字、公式之类，往往是作者为引出见解的铺垫。据现代结构语言学统计，文章中一般性内容往往占全篇的75%，而重点只占25%。省略了这几部分，反而更加可以显现文章重点。

跳读，应该遵循以下方法：

（1）看前言，了解作者写作意图、时代背景及主要观点。

（2）看目录，了解文章结构层次和重点内容。

（3）按图索骥，根据目录扫描内容。

（4）看重点词句，领会精神实质。

（5）看结束语，对全书作出判断或提出看法。

跳读，也有相应的使用范围：

（1）从众多书刊中，选择适合自己需要的书刊。

（2）从图书馆、书市、互联网浏览专题研究文献。

（3）对搜集的资料归类整理。

第六节　线式阅读法

线式阅读法，是指扫读时以词组或句子为单位捕捉一个词组、一句话

或一整行的阅读方式。因此，线式阅读法的阅读速度较快，数量较大。要实现速读就要改变阅读习惯，由一字、一词阅读，变为一句一行阅读。

扩大视野训练是采用线式阅读法的基础训练。在阅读文章的时候，我们的视线可以认清主视区的文字内容，主视区以外的次视区较为模糊。在主视区里读、记、理解同时进行，而次视区只能在眼动的时候才会快速扫过。在上一次眼动过后，下一次眼动可以完成读、记、理解，进入新一轮的阅读。如果阅读的视角大，视区大，视野的单位也就大，因此实际的范围也就扩大了。

我们可以把阅读的主视区放在阅读对象信息量大的地方。通常信息量大的区域分布在开头、中间或结尾的地方。主视区放在哪里并不太重要，不过我们把主视区放在文章的起始部分，相对的对速读较为有利。

我们在线式阅读中，眼停与眼动交替进行。我们想要加快运行速度，就要快速地移动视线。利用眼停时尽可能多地抓取文字资讯。

我们在这样做的时候，由于快速移动视线，增强了眼睛的活动能力，同时加大抓字功能，促使我们的大脑皮层中视觉神经兴奋，排除下意识的语言活动。我们在阅读的时候，不需要把文字信息转换成语言信息传送给大脑，避免这个复杂过程的出现，而把文字信息直接输送给大脑，让大脑直接加工信息，即一步到位，大大简化了中间程序，因而大大提高了速度。

阅读的过程不是简单的眼睛运动过程，实际上是一个阅读的领悟过程。它是一种复杂的心理过程，一眼可以读多少个词，对阅读有一定的影响，不过最为关键的还是思维过程的速度，因为整个思维把它们当作一个整体加以处理。完形心理学家的理论研究认为，我们在思考一句话的时候，把某种意义单位完形为"格式塔"，大脑对材料的加工是按照意义材料加工的。它要求我们在语言材料里，不是一个字一个字去搜寻，而是在词组、句子或段落中去搜寻，就是说驾驭更大的完形是提高阅读能力的重要方面。

线式阅读训练可以按如下步骤进行：

第一步：练习词语。即一个词一个词地阅读，先是从两个字的词开始，然后不断增加到三个字词组、四个字词组、五个字的词组，一直到九个字词组。

通过对词语的阅读训练，减少眼停的次数，不断增加眼睛阅读的次数，渐渐地可以达到快速阅读的目的。它是速度训练的开始，必须要反复练习，才会有好的效果。

下面可以分别用两字、三字、四字、五字、六字、七字、八字进行练习。

第二步：句子速度。我们通过第一步的训练，已经收到初步的效果，继续往下练习，便会有更好的效果。第二步练习主要是句子练习，它要求我们一眼读完一个句子，并且能够了解它的意思。

先从简单的句子开始，再不断地加大难度，练习较长的句子或较为复杂的句子。这一步同样需要进行严格的训练。

下面可以用八字、九字、十字、十一字、十二字、十三字、十四字进行练习。

第三步：整行阅读。整行阅读练习是让我们一眼可以读一两句，或者一整行，并且可以了解它们的意思。一行中有一句就看一句，有两句就看两句，有三句就看三句。总之，要整行整行地阅读。

如果一行中句子还没有完，就要连成下一行的文字，就是要把句子作为完整的结构来阅读。整行阅读是进行多行阅读的基础，真正掌握了它，才可以获得一目多行，或一目十行的阅读能力。

下面可以用十六字、十七字、十八字、十九字、二十字、二十一字、二十二字、二十三字、二十四字进行练习。

第四步：文章练习。在前面训练的基础上，我们现在可以进行文章练习。在这部分练习中，要给自己的阅读速度进行测定，然后得出自己的阅读效率。

下面可以用短文进行练习。

第七节　直读法

直读法，是指在眼睛停留的时候，尽可能地获得较多的信息量的阅读方法。直读法可以帮助我们有效地、大幅地提高阅读速度，对于阅读高手来说，他们的眼睛投视区域有较大的余光区，他们的眼睛顺着书面的中心线作上下垂直跳动，在文章里面迅速地抓住关键词。

直读法是对传统的横向读书方法的直接冲击，改变了人们传统上的阅读习惯，其速度是相当惊人的。

在直读的过程中，眼睛大多集中在每一页的中心部位，这样便于看清该页的全貌。我们知道，让眼睛作上下垂直运动阅读，难度较大，因此，必须通过专门的训练才可以达到。

刚开始训练时，我们的目光随着每行的中心往下移动。经过一段的训练之后，眼睛灵活起来。

其实在直读过程中，我们的眼睛并不是一直沿着中心线往下移动。刚开始时是这样，但后来这种情况有所改观，其视线经过的路线并不是垂直的，而是根据实际需要顺着某一行做相应的移动，从而可以较好地吸收有用的资讯。眼睛在运行过程中"自作主张"，由于大脑追寻这种有用的资讯，而作出临时选择，它让眼睛、视线与固定点落在关键词以及与关键词紧密联系的概念区中。

直读法的训练，可以从以下几个方面来进行：

第一，可以运用垂直阅读法阅读报纸上的有关文章。这样每天的练习可以帮助我们不断地积累、不断地提高。

第二，进行遮盖练习。可以用眼睛自上而下做垂直运动的阅读，不过要把阅读的文字每一行开头和结尾的两个字遮住，但是仍然需要回答问题，在不去理会被遮盖住的部分文字的情况下完成这样的任务；也可以在文章的首尾部分遮去三个字，只阅读每行的剩下的中间部分，如果因为遮盖过多，速度较慢，那么可以把垂直移动的速度适当地降低，这样就可以理解内容了。

做这样的练习可以按以下几点去操作：

（1）准备 10 本左右的书籍，每本 50 ~ 100 页为好，开始的几本可以把书的中央从上到下用铅笔划上一条线（因为用铅笔划事后可以擦去）。

（2）每天坚持阅读一本 50 ~ 100 页的书籍，每一页的阅读时间大约为 15 秒钟，要长期坚持下去。

（3）用 6 ~ 7 天的时间，用眼睛上下垂直运动的方法阅读 1 ~ 2 本 100 ~ 150 页的书籍，每一页用 15 秒钟，在阅读时要尽量掌握读过的主要内容。

（4）在阅读每一本书的时候，都要坚持从头到尾。知道了书的总页数，就可以统计出阅读该书所花的时间，通常每一页需要 15 秒钟，读完以后把下面的内容写出来：

书名、出版机构、页数、章节、标题、主要内容以及书中写到的最深刻与最有趣的事情。

第八节　面式阅读法

面式阅读法，就是把一层文字、一段文字或整页文字当作每次眼睛停顿的注视单位的一种快读阅读方法。

面式阅读法在眼睛停顿的时候抓住的字数量多，一眼看清一句、数句，一段、数段，乃至整个页面。由于其视野比较宽阔，眼睛停顿的次数比较少，因而所花的时间大为缩短，以至于阅读的速度大大提高。面式阅读是在经过不断的快速阅读训练之后方可进行，它是一种更为高级的阅读训练。

在经过一些线式阅读训练和直读训练后，眼球可以灵活自如地运转，阅读视野中的文字群，可以清晰地在视野中出现。如果我们再进行扩大视野训练，努力达到一目一页地抓住文字群，视野可以遍及一页书面材料的各个角落，自然可以了解该页的大致内容，因而实现真正的高效速读。

我们采用面式阅读法，尤其应该把握好自己目光运行的路线。

我们的阅读以页为单位，眼球的注视点通常放在书页的中心部位，让眼睛的余光洒向整页文字。如果我们的阅读以段为单位，则应该把目光投注在该书页的中心线部位，垂直地上下移动，以便于我们的视力范围能够囊括该页书中心两侧的其他文字。也就是说，扩大了视线广度和有效的视读范围。尽量避免眼光在文字的左右两侧往返扫视，这就有效地缩短了目光运行的时间以及路线，从而实现快速阅读的目的。

采用这种面式阅读，在每一次眼停的时候，吸收的文字、资讯较多。不过，我们不必没有选择地兼收并蓄，全部接纳。面式阅读法获取有用的资讯，这一点同其他快速阅读是相同的，它要求我们把注视点投射在文章的精华之上，这也是我们理解的重点。

如果我们结合其他快速阅读法，积极地运用各种思维，把句群知识、段落知识、文体知识、综合知识、通俗知识和关键词语作为重要的线索，开展丰富的联想、猜读，从而敏锐地予以判断、推理，便可以对该文字的主要内容加以掌握，从而获得更为理想的阅读效果。我们下面就介绍一目十行、一目一页速读法，以及扩大眼视野训练法。

我国成语中有一句叫"一目十行"。一目十行并不是真的每一目都是十行，而是指一目接触一段，实际上就是一种面式阅读法。

所以说，一目十行是高级的快速阅读法，它让我们一眼就能抓住较大范围内的文字内容。

所谓的"一目十行"不仅不是走马观花，而且是运用各种技巧抓住文章中重要的资讯，摄取其精华部分，从整体上把握与理解。

如果我们的知识与经验较为丰富，那么阅读理解的能力就会较强，一目十行就比较容易实现了。

在"一目十行"训练中，我们可以增长知识与经验，提高认识水平，还可以提升我们思考的能力，尤其是在意会、领悟、直觉等思维能力上再予提高。可以大大地加速阅读的能力，做到一目十行。

"一目十行"不仅速度快，而且比慢读更有利于从整体上把握与理解所闻读的材料。"一目十行"要求我们眼球迅速运转，多行文字由一眼扫之，与大脑吸收与理解的节拍同步进行。也可以一眼对多行义字加以处理，同时，大脑予以配合，它实际上是靠扩大视野即视读单位来完成的。

通常我们在精读某个知识资料之前，先采用这种"一目十行"的方法，可以从总体上对该知识材料有个大致的了解，给后面进行研究阅读创造较好的条件。

如果我们经常采用这种"一目十行"阅读法，在日常生活中吸收资讯，可以很好地帮助我们增长见识。同时，又可帮助我们训练速读技巧。

"一目十行"阅读法并不适合所有的文字材料，而是采用这种方法去寻找某些有用的内容，从而快速判断有没有必要加以精读或其他阅读方式。

一目一页是快速阅读中的最高形式，是难度最大的一种技巧。

一目一页阅读法是什么呢？它是指眼睛在页面中的某几个点上短暂地

停留中快速抓住该页文字材料的大意内容。采用这种类似于全景摄影式的阅读法，把整页的文字材料纳入视野。

它可以用于从某些专业书籍或者是围绕某个共同论题的文章中选择出具有不同意义的内容。它更适用于阅读通俗易懂的文字资料。在预习、复习过程中可以借用它来找寻、挑选各式各样的恰到好处的参考资料。用于人们阅读消遣性内容的图书、报纸、杂志等文字载体也较为合适。

通常，我们知道一页纸上有若干段，少则两三段，多则七八段不等，采用一目一页阅读法一眼可以解决一段，那么两三眼或者是七八眼就解决了该段的重点内容，以及段落大意，由获得该页的要点，从而获得该页的主要内容。

掌握这种一目一页的阅读法难度很大，但是只要我们有信心、有毅力，通过合适、合理、有效、严格的练习与训练，渐渐地拓宽有效的阅读视野，注意力高度集中，阅读抓字能力增强，各种速读技巧运用自如，达到熟能生巧的地步，就可以不断地提高，以至于最后实现这种最快速度的高级阅读能力。

我们在线式阅读与直读的基础上，再来进行面式阅读的训练，通过一目多行、一目十行、一目一页的反复练习，便可达到面式阅读的要求。要把书页文字中各层、各自然段、各意义段之间的内容，同面式阅读的行数有机地结合起来，方可一目多行、一目十行、一目一页，进入快速阅读、快速理解、快速记忆的理想境界。

我们可以按如下五个步骤训练面式阅读技巧：

第一步：一目 2~3 行，即一眼读一层的文字训练。

第二步：一目 5 ~ 6 行，即一眼视读一个自然段的文字训练。

第三步：一目 10 行，即一眼视读一个意义段的文字训练。

第四步：一目半页，即一眼视读 1 ~ 2 段的文字训练。

第五步：一目整页，即一眼视读 2 ~ 3 段或若干段的文字训练。

对于以上的五步练习每一步都要扎扎实实，确有成效后，再加以晋升。切不可敷衍了事、马马虎虎，那样根本收不到好的效果。

万丈高楼平地起。就是说我们要练第一步，就要花气力、花心血、花工夫打好基础。基础打好了，才有可能进行第二步的练习，否则第二步的练习就不会有好的效果了。同样，第二步不扎实的话，第三步就无从谈起。要想达到第五步，就必须练好前面的四步。唯有如此，才可以很好地掌握这种最高的快读技术。

第九节　鉴别阅读法

鉴别阅读法是一种快速提炼文章的段意、主要内容以及中心思想的阅读方法。

鉴别阅读法分为三个步骤：首先要划分出文章的段落，迅速划出段落的中心句，重点句，或用自己的语言概括出段意；其次，连接各段的段意，分析文章的重点句，段，归纳主要内容。最后，在阅读过程中，要留意文章的题目，开头段，结尾段以及文章的议论部分，从中概括出中心思想。

鉴别阅读法实际上就是通过以下三个步骤来掌握文章的重要信息，而无需一字不漏地通读全文。

鉴别阅读法的第一步是概括段意。概括段意常用的几种方法有：

（1）用段的中心句概括段意。一段文章中，往往有一个高度概括段的主要内容的句子，即中心句。全段围绕中心展开叙述。中心句或在开头，或在结尾，或在中间。只有抓住中心句，才能简练，准确地概括段意。

（2）用文章的重点句概括段意。在有的文章段落中，作者在叙述事实以后，用抒情议论的方法，写出了自己的感性体会。这些感想，往往概括出全文的主旨，点明了段的中心意思。阅读时可以直接引用为段的段意。

（3）用自己的语言概括段意。在许多的文章段落中，往往找不到中心句，也没有作者的抒情，这样就必须认真地阅读全段内容，把中心句归纳，总结出来，用自己的话概括段意。步骤是：首先这一段共讲了几句话；然后分析是分为几层意思来叙述的，每一层都写了什么内容，全段主要叙述了什么问题。这样逐句逐层的阅读、分析，就可以概括出段的大意了。

鉴别阅读法的第二步是抓住文章的主要内容。抓住文章的主要内容，要有一定的理解能力，概括能力，同时也要掌握一定的方法。

（1）研究题目，把握主要内容。有时文章的题目已经点出了文章的主要内容，把题目稍加扩展，就能归纳出文章的主要意思来。

（2）连接每段段意就是文章的主要内容。段意是一段文章主要内容的概括，把每段段意连接起来就是一篇文章的主要内容。所以，从归纳段意入手，是抓住一篇文章主要内容的方法之一。

（3）分析重点句、段，归纳主要内容。从文章中找出重点句，把这些句子连接起来，就是文章的主要内容。一篇文章中，往往有重点段落，对表达文章的中心思想起着重要作用，阅读时要加以重视。

鉴别阅读法的第三步是归纳中心思想。阅读一篇文章，要参照阅读程序进行。虽然文章的体裁不同，类型不同，但应该相对稳定地保持"综合－分析－综合"的阅读程序。也就是按照先浏览全文，了解段落大意，随后逐段分析和捉摸关键的字，词，句，弄清段落大意和各段关系，随后概括出全文的中心思想。

怎样概括文章的中心思想呢？

（1）要分析一篇文章的题目。文章的题目往往是画龙点睛之笔，有时就是中心思想的高度概括。

（2）要重视文章的开头和结尾。文章的开头和结尾，往往显露了全文的中心。阅读时要认真地分析它们与内容之间的关系。

（3）留意文章的议论部分。有些文章采用了夹叙夹议的方法，这些议论含蓄地点出文章的中心思想。阅读这类文章时，特别要注意其中的议论部分。

（4）体会主要内容，概括中心思想。有些文章的中心思想不那么明显，暗含在文章所叙述的事物之中。

只有深思一步才能领会作者的写作意图。读这类文章，必须对关键的词、句、段深入理解，统观全文，透过现象看本质才能准确地总结出文章的中心思想。

人的大脑具有选择和压缩信息的功能，鉴别阅读法正是利用了大脑思维的这一特点，通过寻找文章的段意，主要内容，中心思想。运用鉴别阅读法时对文章提供的信息进行加工整理，去粗取精，以达到广泛获得知识的目的。

在运用鉴别阅读法时，精力必须高度集中，大脑处于积极的思维状态才能保证阅读的质量。掌握它之前会有一个练习的过程，初学阶段可以不求快，运用熟练了，阅读的速度自然会加快。

第四章

快读与快读方法

第五章　实用的阅读技巧

　　除了上面讲到的各种阅读方法外，还有各种各样的阅读技巧。这些技巧是依据阅读的规律，根据个人吸收知识的过程原理而总结出来的。有些技巧是比较通用的，有些技巧是适合某一类书籍的阅读，或是特别适合某一种类型的人使用。在使用这些阅读技巧的时候，要注意结合个人的特点和情况，有针对性地进行使用。其实，前面讲到的各种阅读方法，也应该以这样的一个态度来对待。

第一节　联想阅读法

　　我们每个人在阅读时，会时常出现一种思维跳跃的现象，就是由我们读到的知识突然想到另一种相关事物或表面并不相关而又有内在联系的事物。比如看到诸葛亮，我们就会想到小说《三国演义》里的借东风、三顾茅庐；看到达·芬奇，我们会自然地想到名画"蒙娜丽莎"。这种读书时的精神"溜号"实际上就是联想，在阅读的过程中，注意利用这种联想的读书方法就是联想阅读法。

会读书的人常常读到一定的地方停下来，联系书中的内容展开联想。这种读书方法不但可以让我们灵活运用学过的东西，又可以把我们学过的知识联系起来打破学科的界限。

《孙子兵法》是我国古代军事学中一部经典的权威著作。很多人，包括一些专家学者只偏重于为此书作解注释，甚至为某条解释而长期争执不休。而国外的很多人却在阅读时运用了联想的读书方法，把它应用到实际当中去。如美国的军事学家们从中汲取合理内核，悟出了"核威慑战略"；日本许多企业家更把它移植应用到企业管理中去，结果取得了很大的成功。

《三国演义》也是我国一部优秀的古典小说，它本属于文学范畴，但日本的一些有识之士却通过运用联想阅读法，把它的内涵推广到其他领域。像专门研究兵法的大桥武夫认为："《三国演义》是一本探讨如何分析形势，调动有利因素，战胜对手，壮大自己的书，值得日本企业家好好研读。"著名的松下电器公司老板松下幸之助就善于应用诸葛亮的战略战术，使该企业成为日本大企业之一。可见合理地运用联想阅读法不但可以把书本上的知识展开，使学到的知识在实际生活中得以发挥作用，还可能在某一点上产生创造性的突破。

我们读书时免不了要对某章某节或整篇文章背诵，如果只是死记硬背，就非常困难，而且又容易忘记。运用联想阅读法记忆，那情况就不一样了。比如，问美国和日本国土是什么形状，能马上答出的只有很内行的地理通。一般人不知道是不足为怪的。而如果问意大利国土的形状，则大

多数人都知道。这是为什么呢？因为它像一只我们非常熟悉的靴子。把它与意大利的形状联想起来记忆就不容易忘记了。

曾经有位名人说过："记忆的基本规律，就是把新的信息和已知的事物进行联想。"联想是世界上公认的"记忆秘诀"，也是一种记忆的诀窍。

联想离不开联系和想象。所以在运用联想阅读法时一定要广泛联系，充分想象。

联想不是无缘无故产生的，它需要一定的条件和基础。大千世界里，各种客观事物虽然形态各异，性质、成因、用途都不相同，但它们之间总是存在着直接的、间接的、这样的或那样的联系。事物之间或多或少地存在着程度不同的共性，这就是联想的基础。

朱自清的散文《荷塘月色》中有这样一段："塘中的月色并不均匀，但光与影有着和谐的旋律，如梵婀玲（小提琴）上奏着的名曲。"这里月色和小提琴之间并没有什么联系，但作者却凭借灵活、敏捷的思维将"月色"同"小提琴"联系起来。当我们阅读到这一段时，读者就可以充分发挥自己的联想能力了。

古希腊哲学家阿波罗尼斯说过："模仿只能创造所见到的事物，而想象连它所没见过的事物也能创造。"对读书而言，想象是一种特殊的联想，它能使我们用别人的眼睛看到我们没见过的东西，同别人一起体验那些我们没有亲身体验过的东西。

通过想象还可以加深我们对作品思想内容的理解。比如，在阅读《白杨礼赞》这篇文章时，如果我们善于想象，那么就能在心里建立起白杨树笔直、向上、傲然耸立的高大形象，从而深刻地领会到白杨树所象征的中华民族那种力争上游，不屈不挠的斗争精神。

联想能带给读者一个可以自由翱翔的天空，但绝对不是随意的胡思乱想。

联想是建立在充分理解的基础上的。要想展开联想。就必须认真阅读和仔细体会文章的意思。一旦领悟，想象就接踵而来了。联想还要有一定的知识积累和积极向上的态度。联想不能脱离社会实践。要保证联想沿着正确的轨道前进，就必须保证它们基础和起点的正确性，也就是必须重视社会实践的作用。如果脱离了社会实践，联想就成了无源之水、无本之木。反之。社会实践积累得越多越广，联想的空间也越宽越广。

联想就像神话故事里的飞毯一样，只要学会驾驭它，就能随时随地飞往任何想要到达的地方。

第二节　个性阅读法

俗话说"骏马能历险，耕田不如牛；大车能载重，渡河不如舟；舍己以就短，智者难为谋；生才贵适用，慎勿多苟求。"意思是说，事物有长短，如果扬长避短，自能事半功倍。在阅读的过程中，也要注意扬长避短，要注意使用"个性阅读法"。

那么，什么是个性阅读法呢？我们说，人的性格、才能、基础、兴趣、气质、潜力各不相同。如果能够正确地认识与解剖自己，根据自身的情况和特点，最大限度地发挥自己的才能和潜力，就能达到高速度、高质量地读书。这就是个性阅读法。

读书要取得成果，就必须清醒地评价自己、估量自己、扬己之长、避己之短，充分发挥自己的优势和潜力。

现代文学家郁达夫弃医从文的故事就是一个很好的证明。郁达夫祖上世代行医，他到日本留学，也是学医。当时学医必须学德语，郁达夫经过努力学习懂得德语后，读了大量歌德、海涅、席勒等人的作品。他被文学作品深深地吸引住了，并对文学创作产生了浓厚的兴趣。这时，他认识到自己从文比学医更为合适，便弃医从文。数年后，郁达夫蜚声中国文坛。

我国古代一些思想家早就十分重视对人的性格的研究，并留下许多宝贵的见解。随着科学的进步和发展，对人的性格的分类更为科学了。一些专家从生理特征、心理特征来划分不同类型的人。了解这种类型的划分对读书学习是十分重要的。青年朋友可根据自己属于哪种类型，来确定自己的读书方法。

从人的生理特征上来分，可以把人分为"猫头鹰"型、"百灵鸟"型和混合型三种。

"猫头鹰"型的人一到夜晚，脑细胞随之转入兴奋状态，思路敏捷，精力旺盛，文思泉涌，读书效率极高。

"百灵鸟"型的人在金鸡报晓之时，大脑细胞呈现出异常活跃的状态，因此，在白天特别是清晨读书效率较高。

混合型的人，大脑细胞兴奋期受时间控制的现象不如"猫头鹰"、"百灵鸟"型的人明显，只要在充足的休息时间后，就能够高效率地读书学习。

无论是属于哪种类型的人，只要利用好最有利的时间读书学习，就一定可以取得较好的读书效果。

　　从人的心理特征来分，可以把人分为经验型和探索型、混合型三种。

　　经验型的人在读书时，基本上是循序渐进地阅读学习。这种类型的人善于思索、推理。在读书过程中，他们对前人的观点、结论善于认真研究，以便更好地吸收为己所用。但是，这种类型的人，最大的弱点，就是缺乏创造性。因此，在读书时，必须克服畏惧的心理，充分发挥自己的聪明才智，增强创造因素，使得到的知识更加扎实、牢固。

　　探索型的人才思敏捷，不畏风险，勇于探索和向权威挑战。他们对自己的理想和信念，坚定不移，并有着丰富的想象力和创造力。

　　混合型的人勤于探索，但又时有传统思维的束缚。这类人，就要正确把握自己，根据自己的需要来选择最佳的读书方法。

　　每个人应充分认识自身的个性特征，并要善于发挥，如美国前总统林肯有一个习惯，每当他坐在椅子上读书时，总是把脚放在桌子或窗台上，并使身体向后仰。他这个习惯是年轻时在杂货铺干活时养成的，一直延续下来，据说换一种方式读书时，收到的效果就会明显下降。所以，对他来说，保持这样的"个性"阅读方法就是有用的。

　　还有日本物理学家汤川秀树习惯于夜间躺在床上产生灵感，他关于传递核力的介子的预言，就是这样产生的。

　　从上述实例可以看出，读书有不同的最佳效率时间，也就是最佳用脑时间。在这个时间里，人的脑细胞处于高度兴奋状态，富有创造力和想象力，大脑接受信息、整理信息和贮存信息的效率，比其他时间要高。在自己一天中最佳效率时间用脑，就容易收到比较显著的阅读效果。

那么，怎样才能充分利用一天中最高效的阅读时间呢？

一要摸清规律。就是通过平时读书的观察和体验，摸清自己用脑的最佳时间。

二要恰当安排。就是把艰深的学习内容和创造性的脑力劳动，尽可能安排在每天的最佳用脑时间去做。

三要经常坚持。就是把每天在最佳时间用脑，养成习惯。坚持长期利用最高效的时间学习，就像条件反射一样，每到这段时间，头脑就异常活跃起来，从而产生强烈的求知欲和创作欲。

就多数人的感受而言，清晨是用脑的黄金时刻，那就应该普遍利用，不可轻易抛弃。另外，也注意不要刻意改变自己身上的"生物钟"，要充分利用它所鸣报的最佳时间去读书和创造。只有这样，个性阅读之花，才能结出丰硕的知识之果。

第三节　交叉阅读法

阅读是一种复杂的脑力劳动，有注意、感觉、知觉、思维、记忆等心理活动。这些心理过程紧张进行的时候，也就是大脑神经处于高度兴奋状态的时候。如果长时间地阅读一本书，就会让脑细胞一直兴奋，使其容易疲劳，无法收到好的阅读效果。

人的大脑约由 140 亿~150 亿个细胞组成，是一个信息接受、结合和重现的器官。这些脑细胞分成若干个区，它们接受信息是各有侧重的。读书是我们通过眼睛接受信息的求知过程，在这个过程中，负责接受信息的脑细胞就处于兴奋状态。

脑细胞的工作规律是兴奋一会儿后，就要抑制一会儿，兴奋与抑制相互交替。所以，我们阅读的时候，就必须依据大脑活动的规律，更换阅读的内容，使用"交叉阅读法"，这是一种提高效率的阅读方法。

我们大体可把交叉阅读法分为三种：

（1）在一定时间内有意识地调换不同的读书内容。

接受信息的脑细胞有一个特点，就是它们之间是有分工的。读数学书时，是这一部分脑细胞兴奋；读文学书时，是另一部分脑细胞兴奋。如果长时间地读同一个内容的书，使大脑皮层的某一部位过于兴奋，就会引起保护性抑制。如果适时变换读书内容，可以使兴奋的大脑得到休息，在其他部位产生新的兴奋点，这样使大脑的活动得到了调节，读书就不会感到疲劳。

在这一点上，马克思就采用了"交叉阅读法"。马克思为写《资本论》，在大英博物馆里读了上千册的图书。为了工作和研究的需要，马克思读的多半是抽象的理论性书籍。长时间读这些书，马克思也有疲倦的时候，为了防止和克服这些疲倦，他就采取"交叉阅读"的方法。每当阅读理论书籍感到疲倦时，他马上就把书搁下，再读另一种不同内容的书。他有时读小说，有时读诗歌，有时又津津有味地读一会儿莎士比亚的戏剧。这样，疲倦的大脑得到了休息，他便又可以兴致勃勃地读起深奥的理论书籍了。

第五章　实用的阅读技巧

（2）合理安排阅读时间，在不同的时间交叉阅读不同内容的书籍。

一般来说，读政治、哲学、科技类的书籍，动脑筋多，比较累。长时间读这样的书，容易产生疲劳感；而读文学、艺术类的书籍则比较轻松。因此，我们在安排读书内容时，就要考虑什么时间读什么书更合适。通常人们在早晨时头脑更清醒些。因为，经过一夜的休息，这时的脑力活动呈最佳状态，那么可把比较难读的图书，内容比较枯燥的书籍放到这个时候去读，读书的时间可稍微长一些，而把容易读的书，或自己感兴趣的、消遣性的书放到下午或晚间去读。

这样合理地安排阅读时间，可起到一种调节精神和娱乐消遣的作用，同时也会收到更好的学习效果。

在这方面，英国作家毛姆曾说过："清晨，在开始工作之前，我总要读一会儿书，书的内容不是科学就是哲学，因为这类书需要清新而注意力集中的头脑。当一天工作完毕，心情轻松，又不想再从事激烈的心智活动时，我就读历史、散文、评论与传记，晚间则看小说。"

（3）读书要与文体活动交叉进行。

我们即便是采用了以上两种交叉的阅读方法，提高了阅读的效率，但不得不提醒大家，一个人不能无休止地每天都在那里读书，还必须有交叉地进行一些体育锻炼，参加一些文娱活动，让紧张的脑细胞得到松弛，缓解和消除大脑的神经疲劳，增强大脑兴奋与抑制的能力。这样，能够提高大脑的记忆能力。

阅读中要特别注意的一条就是劳逸结合。爱因斯坦就是一位既会读书，又会休息的大科学家。他经常在读书感到疲劳的时候，就弹弹钢琴，拉拉小提琴。除此之外，有时还去登山，游泳等。由于他注意了劳逸结合，能够将阅读与文体活动交叉进行，才使他有旺盛的精力来读书和搞科研工作，最终在事业上取得了辉煌的成就。

尽管如此，这种读书方法不一定适合每个人。所以，在我们的现实生活中，要根据自己的实际情况来选择读书方法，即使选择非常优秀的方法，也要学会正确地使用，要有控制自己的能力，能把握住自己的读书时间。就拿交叉阅读法来说，如果把握不住自己，或只强调交叉，而不分场合、时间，那只能事与愿违。比如，学生上数学课时，觉得不爱看数学书而要交叉看看小说，上政治课时不想读政治书而要读读课外读物等。这种不能控制自我的，不分时间、地点的，随意的交叉阅读法是不值得提倡的。

第四节　全息阅读法

阅读一本书时，要对这本书有一个全面的了解，就要把这本书上的信息进行全面的了解，甚至还要将阅读扩展到其他和本书有关的内容。尤其是针对一些治学、研究用到的图书，更应该采取这样的方法，这就是下面要介绍的全息阅读法。

全息阅读法是一种全面掌握文献内容的阅读方法。适用于专业图书和工具类图书的阅读与学习。一般来说，非小说类作品的作者写书就像演讲一样：序言，告诉人们将要讲述的内容，每一个章节，通常用相似的方式写成，章节的题目和第一段或开头几个段落点明主题，整个章节会将其扩展，最后以概述作结。如果一本书有小标题，小标题同样会有帮助作用。

许多书还有其他线索，有彩色图画的，就要浏览一下图画和图片说明，有助于理解全文。全息阅读法就是对书的全面信息进行阅读，不仅要了解一本书的正文内容，同时还要了解隐藏在一本书背后的许多信息。具体内容如下：

（1）翻检题录和文摘。题录和文摘是书的总的概要。阅读了这些内容，一书的全貌就有了概括的了解，在此基础上阅读原文就会有的放矢。

（2）扫描目次和小标题。如果目次比较简略，可适当扫描文献中的各个小标题。小标题是每一章节的概述，了解了小标题，对本章所要讲述的内容即有了初步的了解。

（3）注意序跋。阅读序跋，有助于弄清楚该文献的取舍。"书山有路勤为径，学海无涯苦作舟"是古人的遗训，它告诉我们勤学苦读是求学之道。但是从效果上看，苦读和巧学应该结合。就说读书吧，要读得好，少走弯路，就必须有向导，这向导就是一本书的重要组成部分——序跋。读书先读这些内容，就像在书山里跋涉有了向导。

序，通常在一篇文章或一本书的前面，包括作者写的自序和请别人写的序。写序的目的和作用是向读者交代和这部作品有关的一些问题，如介绍书的内容，评论书的长短，交代作者生平、成书的原因、目的和过程。序文短小精悍，文情并茂，体裁多样。读序不但给读者以读书的多方面启示，而且可以让读者享受到正文中所不一定有的文学艺术之美。

跋，有"足后"的意思，引申为书后的文字。跋实际上是后序，放在文章或书的后面。它主要是评述正文的内容或给正文作些补充说明。所以读书要先读序和跋，以对文章或书有全面的了解。否则，就像游览名山盛景却没有导游一样，会因遗漏景观、领略不到盛景内涵而产生不能尽兴的遗憾。

巴金在《序跋集》再序中说："我过去写前言、后记有两种想法：一是向读者宣传甚至灌输我的思想；二是把读者当作朋友和熟人，让他们看见我家究竟准备了什么，他们可以考虑要不要进来坐坐。所以头几年我常常在序、跋上面费工夫。"从老作家的这番话里，我们不难看到，序、跋虽篇幅短小，却有统摄全篇、画龙点睛的重要作用。难怪即使是一位普通的作者，书成之后也要请行家名家写篇序文。既然序、跋的价值和作用非同一般，那么，我们读书就千万不要忘记读序和跋，并以此作为我们有效读书的向导。

（4）研读凡例。非小说类图书尤其是工具书类图书在凡例里，给出了一书的编排体例、收录范围、收录原则、检索方法等等。掌握了这些内容，能使你少走弯路，节约时间和精力。例如《世界名胜词典》凡例里，首先说明一本词典收世界各国各地区名胜古迹近三千条，包括山、水、湖、泉、岩洞、园林、宫殿、寺庙、亭台、塔桥、陵墓等等，读者一看便知哪些内容在这本词典里能找到，哪些内容没收录，节约了许多查找时间。

（5）了解附录。附录是书后所附的内容。包括年表、大事记等与该文献有关的信息，附录同时也从侧面判断文献在其他方面的参考价值。对于研究历史、人物、事件的真相等等都有着极大的参考价值。

（6）阅读正文。浏览题录、序跋，凡例、附录等，实际上都是为阅读正文、深入透彻地理解正文打基础的。打个比方，如果把文摘、序跋等当作血脉，书的正文、书中的论述就是生命。只有将血脉与生命结合起来，肌体才会有生气。正文与其他部分结合起来，才是读书的好方法。

（7）接触评价。评价性的文章，不仅反映评价者对文献的综合研究和分析以及全面的介绍和阐述，而且提出评价者的见解，指出问题所在或精华所在。接触评价性文章，可以提高认识水平，也可以了解哪些是基本文献，哪些是无关紧要的文献。

一篇好的书评，常常是读书的路标。读书和读书评的关系可以表现为两种形式：

其一，先读书评后读书。因为读了书评之后，对书有了一定的了解，使我们可以有目的地去读书，或者使我们带着问题去读书，这样读书就深入得多了。

其二，先读书后读书评，这是对我们读书的一次检验，也是一次再学习。读书评就可以发现：为什么人家体会的自己却没有感触？为什么人家分析得那么透彻，自己的认识却显得肤浅？这就能找到自己的差距，从而使读书更深一步。

马克思的《哥达纲领批判》，也就是他针对《哥达纲领》写的评论。假如我们先读了《哥达纲领》，对它的错误还不清楚的话，读一读马克思的《哥达纲领批判》，那精湛的论述、深刻的分析、严密的逻辑性，会使人茅塞顿开。

毫无疑问，书评也会有优劣之分，有些书评言不由衷，只知溢美，忽略书评的根本性质，这样的书评我们并不提倡读。我们提倡读言之有物、有分析、有见地的书评。把读书与读该书的评论结合起来，这是使用全息阅读法不可或缺的一个重要手段。

中国有句古语，叫做"工欲善其事，必先利其器"，全息阅读法就是一种治学的利器，善于利用正文以外的信息，可以使我们少走弯路，比漫无边际地读书要省时省力得多。

第五节　一箭双雕阅读法

南北朝时期，有一个大将名叫长孙晟，他聪明能干，长于军事，善于射箭。

长孙晟在突厥期间，有一天，他和国王一道外出打猎。忽见空中有两只雕，国王随手给长孙晟两支箭，请他把雕射下来。长孙晟跑过去一看，两只雕正在争夺一块肉，于是拉弓搭箭一射，两只雕都被这一箭射中了。

这就是"一箭双雕"这个成语的来历。后来，"一箭双雕"就被人们用来比喻做一件事情能同时达到两种目的。这种一举两得的灵活方法，被许多古今学者广泛应用于读书学习的实践中，形成一种独特的读书方法——一箭双雕阅读法。

我国现代著名哲学家艾思奇早年在日本留学时，除了钻研他最喜欢的功课——哲学之外，还必须学习日文等课程。他虽手不释卷，仍感到时间不足。怎样提高学习效率，学到更多的知识呢？他便创造出了"一箭双

雕"的读书方法，来提高自己的读书效果。

艾思奇到书店买了一本日文版的《反杜林论》，一边学日文，一边学哲学。当他把这本日文版的《反杜林论》读完后，又买了一本德文版的《反杜林论》，同样边学德文边读书。于是，在这段日子里，艾思奇在哲学、日文、德文三个方面同时并进，一边学习外文，一边钻研哲学。结果，在反复阅读、不断思考中，既把《反杜林论》这本书读透了，日文和德文水平也有了显著的提高。

艾思奇创造的另一个方法可以说与他的"一箭双雕阅读法"如出一辙，有着异曲同工之妙。在艾思奇的脑子里，经常装着一两个需要思考的问题，有空就想想。在读书、看报、听广播、交谈甚至参观时，遇到有关的材料就记下来，不断丰富自己的思想，勤思苦想，久而久之自然瓜熟蒂落，问题得到了解决。这种思考方法虽然不是直接用于读书，但不能不说，艾思奇的"一箭双雕"的思考方法，对于他的读书生活是大有裨益的。

既然"一箭双雕阅读法"可以取得事半功倍的读书效果。那么，在什么情况下应该使用"一箭双雕阅读法"呢？

其一，读书者抱着一种明确的读书目的，要掌握或钻研某一学科的内容。当他精读一种图书遇到阻碍，百思不得其解时，就应该使用"一箭双雕阅读法"，阅读各种形式的同类书籍，如其他语言的、其他载体的甚至图解方式的同种书籍；甚至还可以扩展到阅读与其钻研的学科相关的其他学科的书籍。经过这种"一箭双雕"的阅读，必定会辅助、加深、扩展读书者对该项学科的理解和研究，同时还掌握了其他的语言工具，对相关学科又有了一定的了解。

其二，如果读书者在阅读之前，就抱着两种截然不同的读书目的，那么，在其读书过程中，就会自觉地为实现这两种目的而引导自己的思维去解决问题。这种读书活动，由于一开始就抱着"一箭双雕"的目的，经过读书过程中有意识地支配自己的读书行为必然也会导致"一箭双雕"的读书效果。

其三，读书者没有明确的针对某项专门学科的读书目的，只是为了掌握某种技能，比如学习一门外语，学习计算机的开发及应用等等。在这种情况下，为了使这种读书学习不至于枯燥无味，也可以使用"一箭双雕阅读法"。

在当前的信息社会，人们越来越重视外语学习。许多外语学到一定程度的青年人会遇到这样一个情况：整天学习外语，背诵那些枯燥的单词，硬记那些生硬的语法，却又派不上用场，并且耽误了其他知识的学习。那么，能否找到一种以学习外语为主，以增加各种学科知识为辅的学习方法呢？这时就可疑使用"一箭双雕阅读法"。

外语学习者可以采取翻译外语原文的办法，既学习了外语，又掌握了所翻译文章涉及的知识，一举两得。例如，翻译一篇盐湖发电的文章，因为文中涉及盐湖的形式，温差发电的原理，我国盐湖的分布等一系列问题，所以只有在涉及的问题得到解答后，译文才能通顺、准确，质量才有保证。由于所翻译的外文文章都含有一定的信息含量和知识内容，译者在翻译这些文章时，不管其愿意与否，都必须首先了解这些知识。所以，在一些故事情节或科学知识等内容"掺杂其间"之后，采用翻译形式进行的外语学习便不再枯燥无味，反而妙趣横生了。

在翻译文章的过程中，激发了学习外语的积极性，翻译者潜移默化地理解并掌握了相应的外文单词及语法知识。不仅如此，通过"一箭双雕阅读法"读书，还使外语学习者学到了外语之外的更多知识，扩大了知识面。

当然，不论在哪种情况下使用"一箭双雕阅读法"，都应分清主次，时刻注意不要偏离了自己的主攻方向。比如在第一种情况下，即使阅读学科以外的知识，也只是为加深对所学知识的理解。作为一种参考，浏览大概即可，绝不能钻进牛角尖，死抠不放，使读书时的思维逐渐游离于主要内容之外，反而偏离了主攻方向。

第六节　三角式积累阅读法

三个几何基本图形，想来人们并不陌生，它们分别是圆、正方形、三角形。这里暂且抛开其纯数学上的含义，就人们读书积累知识的形态而言，可以形象地勾勒出三种人群——圆形知识结构的人、方形知识结构的人、三角形知识结构的人。

圆形知识结构的人，知识容量大，但是各科用力平均，没有专业方向。此种类型的人犹如一则谚语所言，是"样样都抓，门门不精"的尴尬类型。

方形知识结构的人，对好几种技能的了解都超过了普通的水准，但是却不足以形成有别于他人的专业特征。罗曼·罗兰曾讲过，"与其花许多时间和精力去凿许多浅井，不如花同样的时间和精力去凿一口深井"。如果说以凿井来比喻知识的精深的话，那么方形知识结构的人就是犯了"花许多时间和精力去凿许多浅井"的错误。

三角形知识结构的人，其知识积累形态呈上尖下宽形，是阅读广泛、知识面广而且对一门学科掌握得非常精深，足以超出他人的类型。有一则谚语讲得好："聪明人接触所有的知识，但他是以精通一门来认识世界"。三角形知识结构的读书人就是"接触所有的知识"、"以精通一门来认识世界"的典型。

以三角形知识结构的方式来读书，就是我们这里要讲的"三角式积累阅读法"，我国现代著名编辑和政论家邹韬奋就是这种使用这种读书方法的典型代表。

邹韬奋上中学的时候，学校国语课主要讲的还是古文。他求知欲很强，不满足于课堂上老师所教的几篇范文，于是把清人编的厚厚75卷的《古文词类纂》及《经史百家杂抄》和唐宋八大家个人的文集统统搜罗来，从头至尾地看。这中间，他发现自己比较喜欢的文章，就反复阅读。

按照邹韬奋这种方法读书，所要读的书被分置在三个不同的层次上：第一个层次是浏览，在浏览中发现必须再看一遍的书或一部书的若干章节；第二个层次是略读，在略读中找出自己必须反复精读的书或一部书的若干章节；第三个层次是精读，即反复研读由前两个层次择取出来的自己"最喜欢"的书或章节。

这样，读书的时候，便不再是不分良莠，平均用力，而是在广泛博览群书的基础上，精读最重要的部分。所读的书，经过层层精拣，形成了一种"三角式"的积累。最底下的一层最大，是一次性浏览的；第二层小一些，读的比第一层精一些；第三层、第四层更小，而读得也更精。越往上，书的数量越少，重读的遍数则相应越多。

另外，如果仔细琢磨一下我国的读书教育方式，可以发现，它其实也是一种"三角积累式"教育方法。小学到中学是以博为主的读书教育；进入大学以后，按照专业的不同，学习的范围缩小到一个专门的方向；之后，再到硕士研究生、博士研究生，其学习的范围进一步缩小，其研究学习的范围缩为一个点或一个方向，其专业的水准则可达到极高点。这样就形成了一种上尖下宽的"三角式积累"的学习系统。正是这种外在的教育学习系统，让人们在读书中也不知不觉地遵循着"三角式积累"的规律。"三角式积累阅读法"既广博又连接精深，既有开阔的阅读视野，又连接精髓的专门攻读。

第七节　提高记忆阅读法

在一次春节晚会上，锦州记忆学专家王维带领他的学生们给全国的电视观众做了一次精彩的记忆力表演。他拿出一本《新华字典》，让现场观众在其中随意地提出一个字，他的学生们会立刻准确地指出这个字在一本字典的第几页，第几行，而无一例差错。现场的观众们惊呆了，电视机前的观众们惊呆了。世界上真会有人有这么好的记忆力吗？是不是事先准备

好的呢？人们将信将疑。

王维解释说，他的学生们并非什么天才，普通人经过一定时间的科学记忆的训练，是完全能够做到这点的。

可以想见，如果我们掌握了记忆的规律，尽最大可能地提高记忆力，把它用在读书上，即使不能"过目成诵"，也能收到事半功倍的效果吧。

人的记忆力是非常惊人的。人脑的网络系统的复杂程度远远超过世界上的通信网络，美国麻省理工学院科学家的一份报告说：假如一个人一生都能孜孜不倦地学习，那么，他的大脑存储的知识可以相当于美国国会图书馆藏书的50倍！也就是说，人脑的记忆容量可以相当于5亿本图书的知识总和。

这么看来，人脑真称得上是世界上最大的图书馆了。

人脑既然有这么大的记忆潜力，为什么很多人在读书学习中却常常感到"脑子不够用"、"怎么也记不住"、"明明就在眼前，就是想不起来"呢？首先是我们大多数人对脑子的利用还太少，其次是用脑方法不得当，再次就是"遗忘"在捣乱。

那么，究竟怎样克服上述弊病，增强读书的记忆力呢？下面是一些非常实用的记忆方法。

（1）目的记忆法。心理学的实验表明，记忆的效果和识记的目的性有很大的关系。一般来说，我们在对一本书通读浏览后，合上书本，往往最先记住的是自己最感兴趣的部分，对有些细节描写、统计数字记忆的准确性，连我们自己也会常常感到吃惊。这里我们谈到的明确的目的性，并非指日常消遣性地读书，而是指在带有钻研性、提高性地学习时，要有意识

地培养大脑对相关内容的这种"兴趣"。在读一本书之前，首先要确定想获取哪方面的知识，哪些是自己想要掌握的重点。这样，当我们看到被事先"圈定"为重点部分的内容时，大脑就会受到强烈刺激，产生高度兴奋，记住的内容就会越多、越持久。

有人做过这样一个试验：在一张纸上画出大小、形状不同的100个图形，将1～100个阿拉伯数字随意地填入这些图形中。选出10人，让他们分别按序从1找到100，然后记录时间。测试结果令人吃惊：最快的在8分46秒完成，最慢的竟用了21分10秒！两者竟然相差两倍多！这个试验正是在被测试者毫无准备的情况下，客观真实地反映了他们之间记忆力的差别。

为什么会产生这么大的差别呢？我们看看具体的过程：每个人在寻找最初几个阿拉伯数字时，都是盲目地、散乱地"扫描"（因为数字的排列完全没有规律可循），但是每在纸上"扫描"一次，视觉神经都会把这100个数字的位置向大脑汇报一次。在这些人中，所谓"记忆好"的，之所以用时少，其实都普遍采用了一个方法，就是在明确了测试的要求后，他们首先都想到，在寻找每一个数字的时候，眼睛"扫描"经过之处要有意识地记住该数字后面几个数字的大体位置，经过寻找前十几个或几十个数字之后，"记忆好"的人就会越来越记住后面数字的大体位置，因而会"眼"到"数"来，节省了时间，另外一些人则是每找一个数字，都在纸上统统"漫游"一遍。这样，寻找每个数字的时间差也许只有几秒，但经过100个数字以后，差距就拉大了。可见，事先是否有意识地确定出记忆重点和记忆方法，效果截然不同。

（2）编制口诀法。相传过去有所学校，老师天天上山与山顶寺庙里的和尚对饮，一天临走时布置学生背圆周率，要背到小数点以后第二十二位（3.1415926535897932384626），大部分学生背不出来，十分苦恼。

有一个聪明的学生就把老师上山喝酒的事编成几句话，让大家念，等老师喝酒回来，各个把圆周率背得滚瓜烂熟："山巅一寺一壶酒，尔乐苦煞吾，把酒吃，酒杀尔，杀不死，乐尔乐。"这真是一个寓学于乐的好方法，如此枯燥乏味的数字就这样在诙谐的玩笑中被轻而易举中地记住了。

（3）时间选择法。记忆的最佳时间因人而异，但还是有一定规律可循的。一般说来，机械记忆的最佳时间是清晨起床后和晚上睡觉前。因为在清晨，大脑里没有前面学习内容的干扰，到了晚上临睡前，不再受新学习的内容干扰了。排除了这两种干扰，当然记忆效果最好。

大脑的遗忘也是有规律的。新学习的知识在最初几小时内遗忘最快，以后遗忘的速度就逐步减慢了。试验证明：理想的阅读间隔时间是 10 分钟到 16 小时之间，就是说，10 分钟以内，重复是多余的，超过 16 小时，由于一部分内容已被忘记，重复的效果当然要差些。因此，为了花最少的时间达到最好的效果，我们必须安排好时间及时复习、巩固所学。一般说来，间隔五六个小时复习较为适宜。

（4）对比记忆法。比如，有人在学习法律专业课时，有这种体会，单独学习刑事诉讼法、民事诉讼法、行政诉讼法时，对有关诉讼时效问题都记得很清楚，但是时效规定非常复杂、繁琐、容易混淆，往往记住了这部法的时效，其他法的时效又记不清了。

这时，如果能够做一个表格，把各部门法有关同一个问题的时效的规

定放在一起对比着记，结果很快就全部记得清清楚楚，而且不容易忘记。可见，这是一个很有效的记忆方法。

（5）形象加理解记忆法。脑生理学家认为，大脑的左右半球是各有分工的，左半球管逻辑思维，右半球管形象思维。如果将逻辑思维与形象思维结合起来，也就是大脑左右两半球同时并用，记忆效率将会提高很多倍。

（6）弹性用脑法。意大利医学生理学家戈尔季说：朋友，你坐在塞满木柴的壁炉旁边，如果发现火烧得不旺，只要把里面的木柴拨动一下，火焰立刻冒上来了，木柴也就熊熊地燃烧起来。这段生动的比喻告诉我们，木柴经过拨弄，获得了新鲜的氧气，使它燃烧得更加充分。同样，我们也可通过经常"拨弄"大脑来调节紧张的神经，提高记忆力。

我们常常有这种体会：连续伏案看书时间长了，就会感觉大脑非常疲劳，即使再抓紧时间，强迫自己不休息，脑子也不听话，看什么东西也记不住。而且，越是不休息，疲劳时间越长，本来可以用短暂放松的方法就可以恢复脑力，现在却不得不放弃全部工作，花上更多的时间去调整，真可谓"得不偿失"。

结构精细、功能健全的大脑，要接受、存储、发放无法计数的信息，进行频繁的思维活动，指挥全身器官有条不紊地工作。只是到了无节制的加班加点、超负荷的持久运转之时，它才会出现"罢工"和不听使唤，这在生理上被称为"保护性抑制"。这就明确地暗示你，大脑要休息了，或需要转换工作内容"轮换上岗"了。

在你为其他人的好记性而赞叹不已的时候，请记住，记忆并非神秘，好的记忆方法就在你身边，那就是——理解是记忆的基础，有了好的记忆方法，只要勤奋，你就将拥有"世界上最大的图书馆了"，你可要好好地利用它。

第八节　高效阅读法

随着信息的激增，读书的任务也日益艰巨和复杂。谁有了良好的读书方法，谁就能在攀登事业的峰峦中捷足先登，一路领先。

可是，正确的读书方法并不是天生的。有许多青年朋友都曾经苦恼地说过："为什么我书读了很多，效果却不大？""为什么我越读脑子越像一锅粥？"这些朋友之所以读书收效甚微，多半是其运用的阅读方法有问题。只要改进阅读方法，在你的阅读技巧上下工夫，就会产生魔力般的效果。

那么，改进阅读技巧的方法有哪些呢？下面介绍6种高效阅读方法可供你参考。这些改进方法，虽然要求你辛勤地工作，但是效益是巨大的。只要你愿意去试一种新方法来运用已有的知识，就可能收到事半功倍的效果。

（1）语调法。默诵是阅读和理解过程中的一种方法，可以运用它来作有高度理解能力的快速阅读。最有效地运用默诵是通过语调。语调指的是在读句子时是用升调还是用降调。用语调阅读也就是人们所说的有表情地阅读。

使用这个方法须让视线像通常一样在书页上快速移动。不必发出任何

声音，但要让你的思想在每一行上回旋，用一种"内耳"听得见的语调节奏。这种有表情的阅读，能使文字变成书面形式所失去的重要韵律、重音、强音和停顿重新发挥作用，有助于理解和记忆。

为使不出声的语调阅读方式成为你的阅读习惯，开始的时候，可以用大约 10 分钟的时间，在自己的房间里大声地朗读完小说中的一个章节。朗读时就像在朗诵戏剧中的台词一样，要带有夸张的表情来念。这样脑子里逐渐会建立自己的一些语言模式，在默读时，就会更容易"听到"它们。

（2）词汇法。也许没有什么方法能比积累丰富而精确的词汇这方法，更可靠地永久提高你的阅读能力。

运用这方法，要求把每一个词都当作一个概念来学习，不仅要知道这个词的主要含义、次要含义，还要了解它的来源，掌握它的同义词及它们之间的细微区别，以及它的一些反义词。这样，在阅读中遇到了这个词时，大量的词汇便会闪现在面前，启发帮助你理解这个句子、段落以及作者想表达的思想。

不过，丰富的词汇要靠平时有意识地积累，只要你坚持，时间久了，脑子里就会逐渐建立一个储藏丰富的"词汇库"。

（3）回忆法。回忆是自我检查学习效果的一种有效方法。读完书之后，全面回想下书中的内容，进行自我提问，看看记住了哪些，还有哪些问题没有理解，哪些内容没有记住。然后再去翻书本。

我国著名作家林纾曾花 8 年时间苦读《史记》。他的方法是，读完一篇后，就用白纸盖上，默默地回忆读过的内容。如果有的地方记得不全，就说明读得还不够。于是有针对性地再读一遍，再作回忆检查。就这样，他对《史记》的阅读很有成效，不仅精通了历史，而且学到了司马迁撰文著书的大手笔。后来他与人分译的《茶花女》等书，以俊逸的文笔风靡一时，直到今天还继续出版。

许多学者在治学时都有"过电影"的习惯。像著名化学家唐敖庆那样，每天晚上"集中精力在脑子里先放电影"，想想全天都读了些什么，有哪些收获。这也是"回忆"的好方法。以上所述是回忆法的一种，也是平时人们所指的回忆法。这里还要介绍一种"了不起"的回忆技巧，我们不妨称它为"吉本回忆法"。吉本是著有《罗马帝国衰亡史》的英国伟大历史学家。他的这种回忆技巧只是指有组织而认真地运用人们的一般背景知识。

具体来说是，在开始阅读一本新书或者在撰写某一课题之前，吉本经常是独自一个人在书房里待上几小时，或者是独自长时间地散步来回忆自己脑中所有的有关这一课题的知识。当他在默默地思考着主题思想的时候，他会不断惊讶地发觉，他还可以挖掘到许多别的思想和思想片断。

（4）段落法。大多数作者是一段段地讲述自己的思想。因此，要像老师把一篇文章教给学生一样，认真对待每一段，直到你能回答这样一个问题：作者在这一段究竟讲了些什么？你就有把握获得成功。

运用段落法的具体做法是，当你读完每段或有关的几个段落后，都停顿一下，将段落内容概括压缩成一句话。要学会概括和压缩。

（5）背景知识法。美国杰出的心理学家戴维·奥苏贝尔指出，阅读的关键性先决条件是你已经掌握了背景知识。奥苏贝尔的意思是如果你要理解所读的内容，就必须运用已掌握的知识，即背景来理解它。背景知识不

是生下来就有的，是你通过直接的和间接的经验而积累起来的。

如果你能认真地读几本好书，会使你在很大的程度上改进阅读。因为这样做不仅会使你得到很多练习的机会，更重要的是你可以积累大量的概念、事件、名字以及思想，丰富你的背景知识。这些背景知识将在你今后的阅读中发挥巨大的作用，提高你的阅读效率，而且被运用之频繁令人惊奇。

最初，可以从你感兴趣的书籍和科目开始。如果你的兴趣很少，那也不必烦恼，一旦你开始阅读，兴趣就会自然变得广泛的。

（6）结构形式法。有效的阅读的秘诀是思考。就是说你必须思考你所读到的内容和它所代表的思想。这听起来简单，但事实上并非如此。许多朋友阅读时常常思想不集中，也就是平时所说的"思想溜号"。美国哲学家和心理学家威廉·詹姆斯说，每两三秒钟总有一个思想或念头猛撞着我们的意识之门，把门摇得咯咯作响试图进入。难怪，要使我们的思想集中到正在阅读的内容上是很困难的。

怎样才能使思想不溜号呢？有一种方法可以使你阅读时思想不溜号，就是注意弄清作者的思路，也就是我们所说的认识作者所用的结构形式。

这样，你就去和作者一起思考。例如，你认出你正在读的段落是按时间顺序写的，你就会对自己说："我知道她在写什么，她是把所发生的主要事件按年份来描写的。"这样，你的思想就会时刻逗留在你读的作品上，并不断地思考它。

为使你能够在阅读中较快地认出作者所用的结构形式，这里简略介绍几种最常用的结构形式，供你阅读时参考。

时间型，所有事件都是按照发生时间的先后顺序来描述的。

空间型，各事项都是根据事件发生的地点或彼此有关的安排来讲述或讨论的。

过程型，按事情进行或事物发展的顺序来叙述的。

因果型，这个形式有几种变化了的类型，如问题—起因—解决型；问题—效果—解决型等。

重要性递增型，作者将一串事件中最重要或最富有戏剧性的事件放在叙述过程中的最后。这样会产生逐渐加强的效果。也是平时所说的高潮型。

重要性递减型。作者将一连串事件中最重要和最富有戏剧性的事件放在叙述的开头。这样的结构能一下子抓住读者的兴趣。

比较或对照型。作者想要强调事物、事件或人物之间的相似点时，常运用比较的方法；想要强调他们之间的区别时，则常运用对照的方法。

第九节　音乐阅读法

现在有很多年轻人，他们在读书的时候总是喜欢一边听着音乐一边读书。每当这个时候，也许家长就会走过来唠叨一句："一心不可二用，看书还听什么音乐！"那些年轻人只好无可奈何地把音乐关掉。

其实，家长们不知道，音乐对读书是大有好处的。

我们知道，人类所有活动都与人脑分不开。人脑支配我们一切的活

动，读书同样更离不开大脑。虽然眼下进入了电脑时代，我们每个人的大脑也比电脑小得多，但它却比世界上最强大的电脑还强几千倍。那么，如何开发和利用好我们的大脑来多读书、读好书呢？

人们经过不懈的研究发现了一种奇妙的东西——音乐。无数成功的实验证明如果在读书的同时放送适当的音乐，就能充分挖掘人脑的许多潜在能力，使我们更加轻松、有效地读书。这就是音乐阅读法。

音乐阅读法通过音乐，让人脑与肌体在美妙的旋律声中得到放松并集中精力，从而达到提高读书效率的目的。

既然音乐对读书有这么大的好处，你也许正迫不及待地想知道利用音乐读书的具体方法吧，别急，让我们首先从了解人的脑结构开始。大体来说，人的大脑左半部分主要起处理语言、逻辑、数学和次序的作用，可称为"逻辑半球"，大脑右半部分主要处理节奏、旋律、音乐、图像和幻想，可称为"感情半球"。而这两部分是由3亿个活性神经细胞组成的。在这个高度复杂的交换系统中，3亿个细胞连续不断地平衡着输入信息，将抽象的、整体的图像与具体的逻辑的信息连接起来。

在读书中，如果一个人的大脑两个半球都能活跃起来"联合攻关"，就能减少疲劳，发挥左右脑的潜力，从而提高读书效率，达到掌握知识的目的。根据上述原理，英国的科林·罗斯曾著《快速学习》一书并编写了数个外语速成课程。他举了一个例子，说明大脑的不同部位能够以综合方式共同协作："如果你听一首歌，左脑会处理歌词，右脑会处理旋律，因此，我们能轻而易举地学会流行歌曲歌词，这并不偶然，因为左脑和右脑都动员起来了，且边缘系统中大脑的情感中心也加入了。"

阅读的方法与技巧

大脑的情感中心，是与长期记忆存储系统紧密地相连的。这就是为什么含有高度情感因素的内容，我们都会最容易地记住。如果歌曲的音乐与个人的情感、愉悦的体验相连，歌曲的旋律和歌词就能引起深刻的记忆。

因而，发现大脑是如何处理这类信息的，是通向更有效读书学习的重要钥匙。

W. 提摩西·戈尔威曾说过，自然放松但又注意力集中是出色完成各项工作的关键。读书亦如此。

巴博拉·布朗博士在《新头脑新身体》一书中指出："较慢的心跳会使大脑效率飞跃提高。"可见放松的关键是使心跳放慢。心理学家早就得出结论，人的心跳每分钟在 60 次以下，对身体的健康有利，对读书更有利。那么，如何使人的身体放松、精力集中呢？如何使读书达到一种最佳状态呢？最好的调节就是音乐。

音乐阅读法就是根据以上原理提出来的。我们知道，音乐有着它特殊的魅力，当一首美妙的音乐在你的读书空间盘旋回荡时，你的情感就会随着乐曲跌宕的旋律而起伏波动；同时，音乐对于人的大脑活动也有一定的影响，一些轻松、缓慢的曲子能够诱导出一种冥想状态，使人的其他活动放慢，大脑变得敏捷，这对读书十分有利。

保加利亚的教育家拉扎诺夫是最早使用音乐读书方法的人之一。人们把拉扎诺夫通过音乐来提高读书效率的实践，称为拉扎诺夫式的"音乐课"。

例如，一个班级正在学习外语，教师事先把新单词设计成一幕戏，还附有图片总览。学生在内心深处先依照图片把这些新单词内容串起来，然

后再看课文。这时，老师开始播放选择好的音乐。在巴洛克音乐每分钟60拍的舒缓节奏和优雅旋律中，和着音乐的节拍，老师用自然的语调朗读着外语。当舒缓美妙的旋律在教室里不断地回荡、盘旋时，也在学生们的大脑中反复地萦绕着，"拨动"着他们的心弦，"活跃"着他们的思维，"激发"着他们的想象。学生们闭上双眼沉浸陶醉其中，用心灵去"体会"，用音乐形象去记忆。那些生僻、古板的单词，变成了一个个生动活泼的小精灵，不断地在脑海里跳跃、闪现。在愉快的形象思维中，学生们不知不觉地记住了要学的单词。

实践证明，音乐阅读法仅仅花费5%的时间就能完成60%的学习任务。如果说这里面有什么魔力的话，就好比学习一首歌的词要远比记住整页的词汇容易得多，音乐是某种形式的载体，老师的朗读和着音乐的起伏，就像抓住了浪涛的节拍，因此学生们的记忆之门不知不觉地打开，又不知不觉地记住了信息。利用音乐阅读法能起到事半功倍的效果。

还有一种音乐读书的具体方法。利用两台录音机，一台以巴洛克音乐做背景音乐，一台用来录音。这样在音乐的伴奏下，慢慢地朗读所要看的材料。读的时候速度最好尽可能与放送的音乐取得协调，同时，放送的声音不要太大，以免压下了朗读的声音，一次朗读的声音不宜太长，以20分钟为宜。如果想使音乐丰富些，还可以选择不同乐器演奏的乐曲，选用各种不同的基调，大调或小调。

录音材料制作完毕，就可以来欣赏了。用这种缓慢、庄重的音乐来伴奏，读书效果极佳。

第一遍欣赏时，要把材料撒开。你拉上窗帘（如果是晚上应拧开小灯），在微弱、柔和的光线下，你躺在床上，闭上眼睛，全神贯注地听录音，任凭想象的翅膀带着你的思绪在天空中遨游。那录音是配上音乐的朗读材料，十分优美。听了一次后，你对材料的内容就有了大致的了解，再次欣赏之时，你就能够将全部的感情都调动起来，醉心于材料之中，认真体会、玩味着每个细节。就这样反复几遍。当你再拧开灯，对着材料核对时，你会惊奇地发现，书中的内容对你来说是那样的熟悉！这些都是音乐带来的奇妙作用。

音乐在读书时有三个作用：①帮助放松；②激活右脑接收新信息；③帮助将信息移入长期记忆库中。音乐阅读法能在几分钟之内解决你几个星期想要学到的东西。这是多么神奇的功效啊！

事实上，我们每个人都有一种最佳的读书学习状态，只是我们目前尚未调整到这种最佳状态。它出现于心跳、呼吸频率和脑波流畅同步之时。当我们的身体处于这种放松状态时，头脑的注意力就会高度集中并高效率地接收着新的信息。如今，你已了解到音乐是最好的"放松剂"，是读书的好帮手，是打开通向记忆之门的钥匙。当你再因边读书边听音乐而遭到家长"训斥"时，你就可以理直气壮地告诉他们，音乐阅读法能够达到事半功倍的效果呢！

在当今信息社会，掌握了音乐阅读法，就等于给记忆和思维插上了翅膀。

第十节　视听阅读法

提起读书，我们通常马上想到的就是用眼睛去看书。

从五官的生理作用和分工上来看，读书的确主要是通过眼睛对书籍上文字的识别，然后传送到大脑，再通过大脑进行记忆或分析思考的过程。其实，不一定只用眼睛来看书，还可以通过看其他东西来读书。而且，如果眼睛正在做读书以外的事情，我们用耳朵也照样可以读书。这两种特殊的读书方法，我们不妨称之为"视听阅读法"。

"视听阅读法"实际上包括"听读法"与"视读法"两部分。

"听读读书法"，自古以来就存在。我们从许多古籍图书中能发现这方面的记载。

据《北史》卷三十七所载，北魏武将杨大眼虽然从来不亲自读书，但他一直都是让手下的人为他读书，他则坐在旁边聚精会神地倾听。久而久之，许多书中的知识和章节，杨大眼都能背诵下来。后来，因为公务所需，杨大眼要起草一些布告。但杨大眼识字实在不多，还得把这件事做好，他就干脆边想边说，同时让手下人把他说的话记录下来。由于多年听书的积累，杨大眼竟能出口成章，不用丝毫改动。这也可谓是一个特殊的本领。

梁元帝萧绎，年轻时常常像书痴一样读书，废寝忘食，精神高度紧张，结果得了失眠症，导致视力极差，几乎辨别不了书中的字体。但他又嗜书如命，就想了一个办法，经常让左右侍者高声念书给他听。他用这种办法一生所读书籍达到了万余卷，成为历代皇帝中的博学之人。

古代也有因"听读"而成名的。明末清初的唐汝洵，出身于书香之家，自幼非常喜好读书，但不幸的是，在他5岁时因患天花病，把眼睛弄瞎了。可他身残志坚，每天都摸索着走到书房，听他的哥哥读书吟诗。日久天长，唐汝洵竟也成了写诗的高手。他作诗时，如果有人在他身边，他就请人将所作的诗记下；无人时，就采用上古结绳记事的办法标记下来，然后再请人译到纸上。所以他一生写下上千首的诗歌，出了好几本诗集，还给一些深奥的唐诗做了注释。可谓"听有所成"。

听读在古代，大多是由于听读者本身的原因，如不识字、视力差、眼睛失明等等。到了现代，一些特殊的残疾人仍然沿袭使用着听读读书法。如许多城市的公益文化机构都设有盲人读物中心，专门采购或录制些供盲人"听读"的有声读物。

但除了与古代相同的原因外，当代社会中许多健全人也乐于用"听读读书法"。曾写出长篇小说《红日》的著名作家吴强就喜欢"听书"。如听评书、评弹等。他说："我以为，听书也是读书中的一种方式，而且是一种重要的别有意味情趣的乐事。""我读的书中少说也有十分之二是从说书人的口中听得的。"

在现今信息爆炸、生活节奏非常快速的社会里，"听读读书法"被赋予了更加特殊的意义。我们经常会看到这样的情景——一些人一边骑自行车，一边通过立体声耳机听读，或者当家长的边走边给他的孩子讲故事，或者是一些正在自学外语或准备考试的人，将所要学的知识事先录制在录

音磁带上，在做家务等其他事情的同时，不断地重复播放这些录音，这就是在眼睛脱离不了其他更重要工作的情况下，利用耳朵的听音功能，在抓紧时间用"听读读书法"来读书。

由此可见，如果你在做一件必须做的事情无法利用眼睛的功能而耳朵却在"放假"时，完全可以调动你的听力来"值班"读书，从而达到学习知识的目的。

"听读读书法"还有另一种功能，就是进一步加深用眼睛读书的印象，提高读书效果。美国作家乔治·威尔十分重视在读书的同时大量地"听书"，对此有成功的经验。他每年的阅读量有一半是靠聆听租来的录音书籍。他一面听读丘吉尔长达 6 卷的《第二次世界大战回忆录》，一面随手记下要点，从中获益匪浅。在谈到听读的体会时，他说："我一周听一本书，利用的是坐车、剃胡子或走路的时间。要是不听书，时间也就白白浪费掉了。"

现今听读的载体中有一种叫"录音书"，就是把书本的内容录制在卡式录音带上。在德国，出版"听书"的有德国留声机公司，还有著名的洛沃尔特出版社。"听书"所录的内容丰富多彩，有世界名著《战争与和平》，也有大众化的小说、诗歌。洋洋万言的书，取其精华，浓缩成 60 分钟的故事。这为博览群书创造了更好的条件。

在当今美国，越来越多的读者发现录音磁带的新用途，刮起了一股听读读书热。精明的出版商也借此机会，录制和出版了大批"录音书"，商业界也开始设立"录音书中心"。美国斯太勒格林公司还为儿童出版了一种"唱片书"。在书封底的空白处镶上了微型唱片，另一张硬纸下镶有一只小唱针。用手指转动唱片，小读者便可以听到书中人物的说唱声，妙趣横生，让小读者们爱不释手。

美国全国 60% 的人有听读习惯。"你在听什么新书？"这样的问句，正像我国"你在读什么书？"一样，成为友人之间寒暄的话语。

"听书"的种类，除了前文所提到的录音书、唱片书外，还有一种地地道道的印刷书籍，一般是供外语学习者使用的。它的设计者是前南斯拉夫的科技人员。在书的每行文字下面嵌入一个大小如钢笔差不多的特制装置，当其沿着这行字下的粗线滑动时，读者就能听到声音。这样边看、边读、边听，既有助于矫正发音，也可增强记忆，效果明显。

随着科技的进步，很多技术也逐渐运用到读书领域。被称为电子图书的 CD、VCD、DVD 等的出现以及计算机多媒体、国际互联网的广泛应用，为我们"听读"提供了更为方便、快捷的条件。

在这种情况下除对 CD 光盘尚可称之为"听读"外，对其他光盘而言，"听读"实际上已经扩展到了更为丰富的"听读"加"视读"的境界。

其实，早在光盘产生之前，世界上就已经有了提供"视读"的声像读物。美国纽约一家出版社曾经出版了一种科技百科全书，书中除了正文和插图外，还有音响设备及电视录像装置，可供读者用来更全面和有效迅速地了解该百科全书中的有关信息和内容。然而，在科学技术突飞猛进、日新月异发展的今天，录像带式的视读方法已经被光盘所取而代之。而光盘的出现，确实为我们开辟了一片更为辽阔神奇的视读天地。

利用光盘进行"视读"的好处，足以让其受益者津津乐道：一张小小的光盘，可以容纳下多达数百万字的书籍内容，你不必再去搬运、翻阅一

部部厚如砖头的书本，摆脱了来自群书围城里的孤独与寂寞，你可以选取光盘的任意段落，进行反复"视听"，在极短的时间内——例如在半个或一两个小时内，在一张光盘的几十部或上百部著作中，你自由往复，如若冲浪于万顷波涛，翱翔在万里云天，鸟瞰驾驭着大千世界，心头掠过种种妙不可言的想象、联想、比较、分析、综合，胸中油然升起运筹帷幄、决胜千里的成功之感，如果你还能从网上快速截取浏览更多的有关信息，那么，你就成了读书之神了。

"视听阅读法"，除可消遣外，又能使读者以最快速度获得许多从书本中学不到的知识，可谓一举两得。在现今社会中，如果不会使用"视听阅读法"，恐怕就会成为一个信息闭塞、目光短浅的井底之蛙。视听阅读法，已经成为适应时代发展趋势的一种新兴阅读方式。

第六章 大家谈读书

我们在前面介绍各种阅读的方法与技巧时，就引用了一些名人大家谈到的读书方法，他们说的话一定给了我们不少的启示吧。这一部分，我们就是选择了一些有代表性的作家的一些有代表性的谈读书方法的文章，以飨读者。需要指出的是，每个人谈到的读书方法，都有其所针对的具体情况，其产生也有其特定的历史背景，因此，我们在学习这些读书方法的时候，要根据自己的情况，有所选择地吸收其观点。

蔡元培：《我的读书经验》

我自十余岁起，就开始读书。读到现在，将满六十年了，中间除大病或其他特别原因外，几乎没有一日不读点书的。然而我没有什么成就，这是读书不得法的缘故。我把不得法的概略写出来，可以作前车之鉴。

我的不得法，第一是不能专心。我初读书的时候，读的都是旧书，不外乎考据、辞章两类。我的嗜好，在考据方面，是偏于训诂及哲理的，对于典章名物，是不大耐烦的；在辞章上，是偏于散文的，对于骈文及诗词，是不大热心的。然而以一物不知为耻，种种都读；并且算学书也读，医学书也读，都没有读通。所以我曾经想编一部《说文声系义证》，又想编一本《公羊春秋大义》，都没有成书。所为文辞，不但骈文、诗词，没有一首可存的，就是散文也太平凡了。到了四十岁以后，我开始学德文，后来又学法文，我都没有好好儿做那记生字、练文法的苦工，而就是生吞活剥的看书，所以至今不能写一篇合格的文章，作一回短期的演说。在德国进大学听讲以后，哲学史、文学史、文明史、心理学、美学、美术史、民族学，统统去听，那时候，这几类的参考书，也就乱读起来了。后来虽勉自收缩，以美学与美术史为主，辅以民族学；然而这类的书终不能割爱，所以想译一本美学，想编一部比较的民族学，也都没有成书。

　　我的不得法，第二是不能勤笔。我的读书，本来抱一种利己主义，就是书里面的短处，我不大去搜寻他，我只注意于我所认为有用的、或可爱的材料。这本来不算坏。但是我的坏处，就是我虽读的时候注意于这几点，但往往为速读起见，无暇把这几点摘抄出来，或在书上做一点特别的记号。若是有时候想起来，除了德文书检目特详，尚易检寻外，其他的书，几乎不容易寻到了。我国现在有人编"索引"、"引得"等等。又专门的辞典，也逐渐增加，寻检较易。但各人有各自的注意点，普通的检目，断不能如自己记别的方便。我尝见胡适之先生有一个时期出门常常携一两本线装书，在舟车上或其他忙里偷闲时翻阅，见到有用的材料，就折角或以铅笔做记号。我想他回家后或者尚有摘抄的手续。我记得有一部笔记，说王渔洋读书时，遇有新隽的典故或词句，就用纸条抄出，贴在书斋壁

阅读的方法与技巧

上，时时览读，熟了就揭去，换上新得的。所以他记得很多。这虽是文学上的把戏，但科学上何尝不可以仿作呢？我因为从来懒得动笔，所以没有成就。

我的读书的短处，我已经经验了许多的不方便，特地写出来，望读者鉴于我的短处，第一能专心，第二能勤笔。这一定有许多成效。

鲁迅：《随便翻翻》

我想讲一点我的当作消闲的读书——随便翻翻。但如果弄得不好，会受害也说不定的。

我最初去读书的地方是私塾，第一本读的是《鉴略》，桌上除了这一本书和习字的描红格，对字（这是做诗的准备）的课本之外，不许有别的书。但后来竟也慢慢的认识字了，一认识字，对于书就发生了兴趣，家里原有两三箱破烂书，于是翻来翻去，大目的是找图画看，后来也看看文字。这样就成了习惯，书在手头，不管它是什么，总要拿来翻一下，或者看一遍序目，或者读几页内容，到得现在，还是如此，不用心，不费力，往往在作文或看非看不可的书籍之后，觉得疲劳的时候，也拿这玩意来做消遣了，而且它也的确能够消除疲劳。

倘要骗人，这方法很可以冒充博雅。现在有一些老实人，和我闲谈之后，常说我书是看得很多的，略谈一下，我也的确好像书看得很多，殊不知就为了常常随手翻翻的缘故，却并没有本本细看。还有一种很容易到手

的秘本，是《四库书目提要》，倘还怕繁，那么，《简明目录》也可以，这可要细看，它能做成你好像看过许多书。不过我也曾用过正经工夫，如什么"国学"之类，请过先生指教，留心过学者所开的参考书目。结果都不满意。有些书目开得太多，要十来年才能看完，我还疑心他自己就没有看；只开几部的较好，可是这须看这位开书目的先生了，如果他是一位糊涂虫，那么，开出来的几部一定也是极顶糊涂的书，不看还好，一看就糊涂。

我并不是说，天下没有指导后学看书的先生，有是有的，不过很难得。

这里只说我消闲的看书——有些正经人是反对的，以为这么一来，就"杂"！"杂"，现在又算是很坏的形容词。但我以为也有好处。譬如我们看一家的陈年账簿，每天写着"豆腐三文，青菜十文，鱼五十文，酱油一文"，就知先前这几个钱就可买一天的小菜，吃够一家；看一本旧历本，写着"不宜出行，不宜沐浴，不宜上梁"，就知道先前是有这么多的禁忌。看见了宋人笔记里的"食菜事魔"，明人笔记里的"十彪五虎"，就知道"哦呵，原来'古已有之'。"但看完一部书，都是些那时的名人轶事，某将军每餐要吃三十八碗饭，某先生体重一百七十五斤半；或是奇闻怪事，某村雷劈蜈蚣精，某妇产生人面蛇，毫无益处的也有。这时可得自己有主意了，知道这是帮闲文士所做的书。凡帮闲，他能令人消闲消得最坏，他用的是最坏的方法。倘不小心，被他诱过去，那就坠入陷阱，后来满脑子是某将军的饭量，某先生的体重，蜈蚣精和人面蛇了。

讲扶乩的书，讲婊子的书，倘有机会遇见，不要皱起眉头，显示憎厌之状，也可以翻一翻；明知道和自己意见相反的书，已经过时的书，也用一样的办法。例如杨光先的《不得已》是清初的著作，但看起来，他的思想是活着的，现在意见和他相近的人们正多得很。这也有一点危险，也就是怕被它诱过去。治法是多翻，翻来翻去，一多翻，就有比较，比较是医治受骗的好方子。乡下人常常误认一种硫化铜为金矿，空口是和他说不明白的，或者他还会赶紧藏起来，疑心你要白骗他的宝贝。但如果遇到一点真的金矿，只要用手掂一掂轻重，他就死心塌地：明白了。

"随便翻翻"是用各种别的矿石来比的方法，很费事，没有用真的金矿来比的明白，简单。我看现在的青年常在问人该读什么书，就是要看一看真金，免得受硫化铜的欺骗。而且一识得真金，一面也就真的识得了硫化铜，一举两得了。

但这样的好东西，在中国现有的书里，却不容易得到。我回忆自己的得到一点知识，真是苦得可怜。幼小时候，我知道中国在"盘古氏开辟天地"之后，有三皇五帝，……宋朝，元朝，明朝，"我大清"。到二十岁，又听说"我们"的成吉思汗征服欧洲，是"我们"最阔气的时代。到二十五岁，才知道所谓这"我们"最阔气的时代，其实是蒙古人征服了中国，我们做了奴才。直到今年八月里，因为要查一点故事，翻了三部蒙古史，这才明白蒙古人的征服"斡罗思"，侵入匈奥，还在征服全中国之前，那时的成吉思还不是我们的汗，倒是俄人被奴的资格比我们老，应该他们说"我们的成吉思汗征服中国，是我们最阔气的时代"的。

我久不看现行的历史教科书了，不知道里面怎么说；但在报章杂志上，却有时还看见以成吉思汗自豪的文章。事情早已过去了，原没有什么

大关系，但也许正有着大关系，而且无论如何，总是说些真实的好。所以我想，无论是学文学的，学科学的，他应该先看一部关于历史的简明而可靠的书。但如果他专讲天王星，或海王星，蛤蟆的神经细胞，或只咏梅花，叫妹妹，不发关于社会的议论，那么，自然，不看也可以的。

我自己，是因为懂一点日本文，在用日译本《世界史教程》和新出的《中国社会史》应应急的，都比我历来所见的历史书类说得明确。前一种中国曾有译本，但只有一本，后五本不译了，译得怎样，因为没有见过，不知道。后一种中国倒先有译本，叫做《中国社会发展史》，不过据日译者说，是多错误，有删节，靠不住的。

我还在希望中国有这两部书。又希望不要一哄而来，一哄而散，要译，就译他完；也不要删节，要删节，就得声明，但最好还是译得小心，完全，替作者和读者想一想。

顾颉刚：《怎样读书》

一个普通人走进了图书馆，看见满屋满架的书，觉得眼睛都花了。这是由于他对世界上的知识没有一方面是有特殊兴趣的所致。研究学问的事固然不必每人都参加，但是一方面的特殊兴趣确为任何人所不可少。譬如看报，有人喜欢看专题新闻，有人喜欢看小说文艺，也有人喜欢看商市行情。只要他能够有一件喜欢的，自然拿到了一份报纸就有办法。我们读书的第一件事，是要养成特殊方面的兴趣。

有人读书，只要随便翻翻就抛开了。有人读书，却要从第一个字看到末一个字才罢。其实两种方法都有道理，但永久只用一种方法是不对的。因为我们可以看的书籍太多了，倘使无论哪一部书都要从第一个字看到末一个字，那么，人的生命有限，一生能够读得多少部书呢？但有几部书是研究某种学问的时候，必须细读的，若只随便翻翻，便不能了解那种学问的意义。

读书的第二件事，是要分别书籍缓急轻重，知道哪几部书是必须细读的，哪几部书是只要翻翻的，哪几部书只要放在架上不必动，等到我们用得着它的时候才去查考的。要懂得这个法子，只有多看书目，研究一点目录学。

我们的读书，是要借了书本子上的记载寻出一条求知的路，并不是要请书本子来管束我们的思想。读书的时候要随处会疑。换句话说，要随处会用自己的思想去批评它。我们只要敢于批评，就可分出它哪一句话是对的，哪一句话是错的，哪一句话是可以留待商量的。这些意思就可以写在书端上，或者写在笔记簿上。逢到什么疑惑的地方，就替它查一查。心中起什么问题，就自己研究一下。不怕动手，肯写肯翻，便可以养成自己的创作力。几年之后，对于这一门学问自然有驾驭运用的才干了。我们读书的第三件事，是要运用自己的判断力。只要有了判断力，书本就是给我们使用的一种东西了。宋朝的陆象山说："'六经'皆我注脚"，就是这个意思。

再有两件事情，也是应当注意的。其一，不可以有成见。以前的人因为成见太深了，只把经史看作最大的学问；经史以外的东西都看作旁门小

道。结果，不但各种学问都被抑遏而不得发达，并且由于各种学问都不发达，就是经史的本身也是不能研究得好。近来大家感到国弱民贫，又以为唯有政治经济之学和机械制造之学足以直接救国的，才是有用之学，其余都是无关紧要的装饰品。这个见解也是错误的。学问的范围何等样大，凡是世界上的事物都值得研究，就是我们人类，再研究一万年也还是研究不尽。至于应用的范围却何等样小，方向是根据我们所需要而走的。昨天需要的东西，今天不要了，就丢了。今天需要的东西，明天不要了，也就丢了。若是为了应用的缘故，一意在应用上着力，把大范围忘了，等到时势一变，需要不同，我们岂不是剩了两只手呢！我们不能一味拿有用无用的标准来判定学问的好坏；就是某种像是没有用的学问，只要我们有研究的兴趣，也是可以研究下去为我们所用的。

其二，是应该多赏识。无论哪种学问，都不是独立的，与它关联的地方非常之多。我们要研究一种学问，一定要对别种学问有些赏识，使得逢到关联的地方可以提出问题，请求这方面的专家解决，或者把这些材料送给这方面的专家。以前有人说过，我们研究学问，应当备两个镜子：一个是显微镜，一个是望远镜。显微镜是对自己专门研究的一科用的；望远镜是对其他各科用的。我们要对自己研究的一科极尽精微，又要对别人研究的各科略知一二。这并不是贪多务博，只因为一种学问是不能独立的缘故。

我从前的读书虽然并不希望博洽，但确是没有宗旨，脑子里只有一堆零碎材料，连贯不起来。经过章太炎先生的提示，顿时激起我连贯材料的欲望。我想我的为学，无论治什么东西都可以见出它的地位，不肯随便舍弃，因此对着满眼都是的史料彷徨。但自己近情的学问毕竟还是史学，我就丢了其他勉力做史学。那时我很想做一部中国学术史，名为《学览》。粗粗定了一个目录，钉了二百余本的卷子，分类标题，预备聚集材料，撰写成丛书，现在看来，这种治学门径是对头的。

林语堂：《读书的艺术》

余积二十年读书治学的经验，深知大半的学生对于读书一事，已经走入错路，失了读书的本意。读书本来是至乐之事，杜威说，读书是一种探险，如探新大陆，如征新土壤；佛兰西也已说过，读书是"魂灵的壮游"，随时可以发现名山巨川，古迹名胜，深林幽谷，奇花异卉；到了现在，读书已变成仅求幸免扣分数留班级的一种苦役而已。而且读书本来是个人自由的事，与任何人不相干，现在你们读书，已经不是你们的私事，而处处要受一些不相干的人的干涉，如注册部及你们的父母妻室之类。有人手里拿一书本，心里想我将何以赡养父母，俯给妻子，这实在是一桩罪过。试想你们看《红楼梦》、《水浒》、《三国志》、《镜花缘》，是否你们一己的私事，何尝受人的干涉，何尝想到何以赡养父母，俯给妻子的问题？但是学问之事，是与看《红楼梦》、《水浒》相同。完全是个人享乐的一件事。你们若不能用看《红楼梦》、《水浒》的方法去看《哲学史》、《经济学大纲》，你们就是不懂得读书之乐，不配读书，失了读书之本意，而终读不成书。你们能真用看《红楼梦》、《水浒》的方法去看哲学，史学，科学的

书，读书才能"成名"。若用注册部的方法读书，你们最多成了一个"秀士"、"博士"，成了吴稚晖先生所谓"洋绅士"、"洋八股"。

我认为最理想的读书方法，最懂得读书之乐者，莫如中国第一女诗人李清照及其夫赵明诚。我们想象到他们夫妇典当衣服，买碑文水果，回来夫妻相对展玩咀嚼的情景，真使我们向往不已。你想他们两人一面剥水果，一面赏碑帖，或者一面品佳茗，一面校经籍，这是如何的清雅，如何得了读书的真味。易安居士于《金石录后序》自叙他们夫妇的读书生活，有一段极逼真极活跃的写照；她说"余性偶强记，每饭罢坐归来堂，烹茶指堆积书史，言某事在某书某卷第几页第几行，以中否角胜负，为饮茶先后。中即举杯大笑，至茶倾覆怀中，反不得饮而起，甘心老是乡矣！故虽处忧患困穷，而志不屈，……收藏既富，于是儿案罗列，枕席枕藉，意会心谋，日往神授，乐在声色狗马之上。……"你们能用李清照读书的方法来读书，能感到李清照读书的快乐，你们大概也就可以读书成名，可以感觉读书一事，比巴黎跳舞场的"声色"，逸园的赛"狗"，江湾的赛"马"有趣。不然，还是看逸园赛狗，江湾赛马比读书开心。

什么才叫做真正读书呢？这个问题很简单，一句话说，兴味到时，拿起书本来就读，这才叫做真正的读书，这才是不失读书之本意。这就是李清照的读书法。你们读书时，须放开心胸，仰视浮云，无酒且过，有烟更佳。现在课堂上读书连烟都不许你抽，这还能算为读书的正轨吗？或在暮春之夕，与你们的爱人，携手同行，共到野外读《离骚经》，或在风雪之夜，靠炉围坐，佳茗一壶，淡巴菰一盒，哲学经济诗文，史籍十数本狼藉横陈于沙发之上，然后随意所之，取而读之，这才得了读书的兴味。现在你们手里拿一书本，心里计算及格不及格，升级不升级，注册部对你态度如何，如何靠这书本骗一只较好的饭碗，娶一位较漂亮的老婆——这还能算为读书，还配称为"读书种子"吗？还不是沦为"读书谬种"吗？

有人说，如林先生这样读书方法，简单固然简单，但是读不懂如何，而且成效如何？须知世上决无看不懂的书，有之便是作者文笔艰涩，字句不通，不然便是读者的程度不合，见识未到。各人如能就兴味与程度相近的书选读，未有不可无师自通，或事偶有疑难，未能遽然了解，涉猎既久，自可融会贯通。试问诸位少时看《红楼梦》，《水浒》何尝有人教，何尝翻字典，你们的侄儿少辈现在看《红楼梦》，《西厢记》，又何尝须要你们去教？许多人今日中文很好，都是由看小说《史记》得来的，而且都是背着师长，偷偷摸摸硬看下去，那些书中不懂的字，不懂的句，看惯了就自然明白。学问的书也是一样，常看下去，自然会明白，遇有专门名词，一次不懂，二次不懂，三次就懂了。只怕诸位不得读书之乐，没有耐心看下去。

所以我的假定是学生会看书，肯看书，现在教育制度是假定学生不会看书，不肯看书。说学生书看不懂，在小学时可以说，在中学还可以说，但是在聪明学生，已经是一种诬蔑了。至于已进大学还要说书看不懂，这真有点不好意思吧！大约一人的脸面要紧，年纪一大，即使不能自己喂饭，也得两手掰一只饭碗硬塞到口里去，似乎不便把你们的奶妈干娘一齐都带到学校来给你们喂饭，又不便把大学教授看作你们的奶妈干娘。

至于"成效"，我的方法可以包管比现在大学的方法强。现在大学教育的成效如何，大家是很明了的。一人从六岁一直读到二十六岁大学毕

业，通共读过几本书？老实说，有限得很。普通大约总不会超过四五十本以上。这还不是跟以前的秀才举人相等？从前有一位中了举人，还没听见过《公羊传》的书名，传为笑话。现在大学毕业生就有许多近代名著未曾听过名字，即中国几种重要丛书也未曾见过。这是学堂的不是，假定你们不会看书，因此也不让你们有自由看书的机会。一天到晚，总是摇铃上课，摇铃吃饭，摇铃运动，摇铃睡觉。你想一人的精神是有限的，从八点上课一直到下午四五点，还要运动，拍球，哪里还有闲工夫自由看书呢？而且凡是摇铃，都是讨厌，即使摇铃游戏，我们也有不愿意之时，何况是摇铃上课？因为学堂假定你们不会读书，不肯读书，所以把你们关在课堂，请你们静坐，用"注射"、"灌输"的形式，由教员将知识注射入你们的脑壳里。无如常人头颅都是不透水的，所以知识注射普遍不入成功。但是比如依我方法，假定你们是会看书，要看书，由被动式改为发动式的，给你们充分自由看书的机会，这个成效如何呢？间尝计算一下，假定上海光华，大夏或任何大学有一千名学生，每人每期交学费一百圆，这一千名学费已经合共有十万元。将此十万元拿去买书，由学校预备一间空屋置备书架，扣了五千圆做办公费（再多便是罪过），把这九万五千圆的书籍放在那间空屋，由你们随便胡闹去翻看，年底拈阄分配，各人拿回去九十五圆的书，只要所用的工夫与你们上课的时间相等，一年之中，你们学问的进步，必非一年上课的成绩所可比。现在这十万元用到哪里去，大概一成买书，而九成去养教授，及教授的妻子，教授的奶妈，奶妈又拿去买奶妈的马桶，这还可以说是把你们的"读书"看作一件正经事吗？

假定你们进了这十万元书籍的图书馆，依我的方法，随兴所之去看

阅读的方法与技巧

书，成效如何呢？有人要疑心，没有教员的指导，必定是不得要领，杂乱无章，涉猎不精，不求甚解。这自然是一种极端的假定，但是成绩还是比现在大学教育好。关于指导，自可编成指导书及种种书目。如此读了两年可以抵过在大学上课四年。第一样，我们须知道读书的方法，一方面要几种精读，一方面也要尽量涉猎翻览。两年之中能大概把二十万元的书籍随意翻览。知其书名作者内容大概，也就不愧为一读书人了。第二样，我们要明白，学问的事，绝不是如此呆板。读书必求深入，而欲求深入，非由兴趣相近者入手不可。学问是每每互相关联的。一人找到一种有趣味的书，必定由一问题而引起其他问题，由看一本书而不得不去找关系的十几种书，如此循序渐进，自然可以升堂入室，研磨既久，门径自熟；或是发现问题，发明新义，更可触类旁通，广求博引，以证己说，如此一步一步地深入，自可成名。这是自动的读书方法。较之现在上课听讲被动的方法，如东风过耳，这里听一点，那里听一点，结果不得其门而入，一无所获，强似多多了。第三，我们要明白，大学教育的宗旨，对于毕业的期望，不过要他博览群籍而已，并不是如课中所规定，一定非逻辑八十分，心理七十五分不可，也不是说心理看了一百八十三页讲义，逻辑看了二百零三页讲义，便算完事。这种的读书，便是犯了孔子所谓"今汝画"的毛病。所谓博览群籍，无从定义，最多不过说某人"书看得不少"某人"差一点"而已，哪里去定什么限制？说某人"学问不错"，也不过这么一句话而已，哪里可以说某书一定非读不可，某种科目是"必修科目"。一人在两年中翻览这二十万元的书籍，大概他对于学问的内容途径，什么名著杰作版本，笺注，总多少有一点把握了。

现在的大学教育方法如何呢？你们的读书是极端不自由，极端不负责。你们的学问不但有注册部定标准，简直可以称斤两的，这个斤两制，就是学校的所谓"七十八分""八十六分"之类，及所谓多少"单位"。试问学问之事，何得称量斤两？所谓英国史七十八分，逻辑八十六分，如何解释？一人的逻辑，怎么叫做八十六分？且若谓世界上关于英国史的知识你们百分已知道了七十八分，世上岂有那样容易的事？但依现在制度，每周三小时的科目算三单位，每周二小时的科目算二单位，这样由一方块一方块的单位，慢慢堆叠而来，叠成多少立方尺的学问，于是某人"毕业"，某人是"秀士"了。你想这笑话不笑话？须知我们何以有此大学制呢？是因为各人要拿文凭，因为要拿文凭，故不得不由注册部定一标准，评衡一下，就不得不让注册部来把你们"称一称"。你们如果不拿文凭，便无被称之必要。但是你们为什么要文凭呢？说来话长。有人因为要行孝道，拿了父母的钱，心里难过，于是下定决心，要规规矩矩安心定志读几年书，才不辜负父母一番的好意及期望。这个是不对的，与遵父母之命媒妁之言恋爱女子一样的违背道德。这是你们私人读书享乐的事，横被家庭义务的干涉，是想把真理学问孝敬你们的爸爸妈妈老太婆。只因真理学问，似太渺茫，所以还是拿一张文凭具体一点为是。有人因为想要得文凭学位，每月可以多得几十块钱使你们的亲卿爱卿宁馨儿舒服一点。社会对你们的父母说，你们儿子中学毕业读了三十本书，我可给他每月四五十圆，如果再下二千圆本钱再读了三十本书，大学毕业，我可给他每月八九十圆。你们父母算盘一打，说"好"，于是议成，而送你们进大学，于是你们被称，拿文凭，果然每月八九十圆到手，成交易。这还不是你们被出卖吗？与读书之本旨何关，与我所说读书之乐又何关？但是你们不能怪学校给你们称斤两，因为你们要向他拿文凭，学堂为保持招牌信用起见，不能不如此。且必如此，然后公平交易，童叟无欺。处于今日大规模生产品之时期，不能不划定商货之品类，学问既然成为公然交易的商品，秀士，硕士，博士既为大规模生产品之一，自然也不能不"划定"一下。其实这种以学问为交易之事，自古已然。子张学干禄；子曰"三年学，不至于谷，未易得也。"

到了这个地步，读书与入学，完全是两件事了，去原意远矣。我所希望者，是诸位早日觉悟，在明知被卖之下，仍旧不忘其初，不背读书之本意，不失读书的快乐，不昧于真正读书的艺术。并希望诸位趁火打劫，虽然被卖。钱也要拿，书也要读，如此就两得其便了。

朱光潜：《谈读书》

学问不只是读书，而读书究竟是学问的一个重要途径。因为学问不仅是个人的事而是全人类的事，每科学问到了现在的阶段，是全人类分途努力日积月累所得到的成就，而这成就还没有淹没，就全靠有书籍记载流传下来。书籍是过去人类的精神遗产的宝库，也可以说是人类文化学术前进轨迹上的记程碑。我们就现阶段的文化学术求前进，必定根据过去人类已得的成就做出发点。如果抹杀过去人类已得的成就，我们说不定要把出发点移回到几百年前甚至几千年前，纵然能前进，也还是开倒车落伍。读书是要清算过去人类成就的总账，把几千年的人类思想经验在短促的几十年内重温一遍，把过去无数亿万人辛苦获来的知识教训集中到读者一个人身上去受用。有了这种准备，一个人总能在学问途程上作万里长征，去发现新的世界。

历史愈前进，人类的精神遗产愈丰富，书籍愈浩繁，而读书也就愈不易。书籍固然可贵，却也是一种累赘，可以变成研究学问的障碍。它至少有两大流弊。第一，书多易使读者不专精。我国古代学者因书籍难得，皓首穷年才能治一经，书虽读得少，读一部却就是一部，口诵心惟，咀嚼得烂熟，透入身心，变成一种精神的原动力，一生受用不尽。现在书籍易得，一个青年学者就可夸口曾过目万卷，"过目"的虽多，"留心"的却少，譬如饮食，不消化的东西积得愈多，愈易酿成肠胃病，许多浮浅虚骄的习气都由耳食肤受所养成。

其次，书多易使读者迷方向。任何一种学问的书籍现在都可装满一图书馆，其中真正绝对不可不读的基本著作往往不过数十部甚至于数部。许多初学者贪多而不务得，在无足轻重的书籍上浪费时间与精力，就不免把基本要籍耽搁了；比如学哲学者尽管看过无数种的哲学史和哲学概论，却没有看过一种柏拉图的《对话集》，学经济学者尽管读过无数种的教科书，却没有看过亚当·斯密的《原富》。做学问如作战，须攻坚挫锐，占住要塞。目标太多了，掩埋了坚锐所在，只东打一拳，西路一脚，就成了"消耗战"。读书并不在多，最重要的是选得精，读得彻底。与其读十部无关轻重的书，不如以读十部书的时间和精力去读一部真正值得读的书；与其十部书都只能泛览一遍，不如取一部书精读十遍。"好书不厌百回读，熟

阅读的方法与技巧

174

读深思子自知"，这两句诗值得每个读书人悬为座右铭。读书原为自己受用，多读不能算是荣誉，少读也不能算是羞耻。少读如果彻底，必能养成深思熟虑的习惯，涵泳优游，以至于变化气质；多读而不求甚解，则如驰骋十里洋场，虽珍奇满目，徒惹得心慌意乱，空手而归。世间许多人读书只为装点门面，如暴发户炫耀家私，以多为贵。这在治学方面是自欺欺人，在做人方面是趣味低劣。

读的书当分种类，一种是为获得现世界公民所必需的常识，一种是为做专门学问。为获常识起见，目前一般中学和大学初年级的课程，如果认真学习，也就很够用。所谓认真学习，熟读讲义课本并不济事，每科必须精选要籍三五种来仔细玩索一番。常识课程总共不过十数种，每种选读要籍三五种，总计应读的书也不过五十部左右。这不能算是过奢的要求。一般读书人所读过的书大半不止此数，他们不能得实益，是因为他们没有选择，而阅读时又只潦草滑过。

常识不但是现世界公民所必需，就是专门学者也不能缺少它。近代科学分野严密，治一科学问者多故步自封，以专门为借口，对其他相关学问毫不过问。这对于分工研究或许是必要，而对于淹通深造却是牺牲。宇宙本为有机体，其中事理彼此息息相关，牵其一即动其余，所以研究事理的种种学问在表面上虽可分别，在实际上却不能割开。世间绝没有一科孤立绝缘的学问。比如政治学须牵涉到历史、经济、法律、哲学、心理学以至于外交、军事等等，如果一个人对于这些相关学问未曾问津，入手就要专门习政治学，愈前进必愈感困难，如老鼠钻牛角，愈钻愈窄，寻不着出路。其他学问也大抵如此，不能通就不能专，不能博就不能约。先博学而后守约，这是治任何学问所必守的程序。

我们只看学术史，凡是在某一科学问上有大成就的人，都必定于许多它科学问有深广的基础。目前我国一般青年学子动辄喜言专门，以至于许多专门学者对于极基本的学科毫无常识，这种风气也许是在国外大学做博士论文的先生们所酿成的。它影响到我们的大学课程，许多学系所设的科目"专"到不近情理，在外国大学研究院里也不一定有。这好像逼吃奶的小孩去嚼肉骨，岂不是误人子弟？

有些人读书，全凭自己的兴趣。今天遇到一部有趣的书就把预拟做的事丢开，用全副精力去读它；明天遇到另一部有趣的书，仍是如此办，虽然这两书在性质上毫不相关。一年之中可以时而习天文，时而研究蜜蜂，时而读莎士比亚。在旁人认为重要而自己不感兴味的书都一概置之不理。这种读法有如打游击，亦如蜜蜂采蜜。它的好处在使读书成为乐事，对于一时兴到的著作可以深入，久而久之，可以养成一种不平凡的思路与胸襟。它的坏处在使读者泛滥而无所归宿，缺乏专门研究所必需的"经院式"的系统训练，产生畸形的发展，对于某一方面知识过于重视，对于另一方面知识可以很蒙昧。我的朋友中有专门读冷僻书籍，对于正经正史从未过问的，他在文学上虽有造就，但不能算是专门学者。如果一个人有时间与精力允许他过享乐主义的生活，不把读书当作工作而只当作消遣，这种蜜蜂采蜜式的读书法原亦未尝不可采用。但是一个人如果抱有成就一种学问的志愿，他就不能不有预定计划与系统。对于他，读书不仅是追求兴趣，尤其是一种训练，一种准备。有些有趣的书他须得牺牲，也有些初看很干燥的书他必须咬定牙关去硬啃，啃久了他自然还可以啃出滋味来。

读书必须有一个中心去维持兴趣，或是科目，或是问题。以科目为中心时，就要精选那一科要籍，一部一部的从头读到尾，以求对于该科得到一个概括的了解，进一步作高深研究的准备。读文学作品以作家为中心，读史学作品以时代为中心，也属于这一类。以问题为中心时，心中先须有一个待研究的问题，然后采关于这问题的书籍去读，用意在搜集材料和诸家对于这问题的意见，以供自己权衡去取，推求结论。重要的书仍须全看，其余的这里看一章，那里看一节，得到所要搜集的材料就可以丢手。这是一般做研究工作者所常用的方法，对于初学不相宜。不过初学者以科目为中心时，仍可约略采取以问题为中心的微意。一书作几遍看，每一遍只着重某一方面。苏东坡与王郎书曾谈到这个方法：

"少年为学者，每一书皆作数次读之。当如入海百货皆有，人之精力不能并收尽取，但得其所欲求者耳。故愿学者每一次作一意求之，如欲求古今兴亡治乱圣贤作用，且只作此意求之，勿生余念；又别作一次求事迹文物之类，亦如之。他皆仿此。若学成，八面受敌，与慕涉猎者不可同日而语。"

朱子尝劝他的门人采用这个方法。它是精读的一个要诀，可以养成仔细分析的习惯。举看小说为例，第一次但求故事结构，第二次但注意人物描写，第三次但求人物与故事的穿插，以至于对话、辞藻、社会背景、人生态度等等都可如此逐次研求。

读书要有中心，有中心才易有系统组织。比如看史书，假定注意的中心是教育与政治的关系，则全书中所有关于这问题的史实都被这中心联系起来，自成一个系统。以后读其他书籍如经子专集之类，自然也常遇着关于政教关系的事实与理论，它们也自然归到从前看史书时所形成的那个系统了。

一个人心里可以同时有许多系统中心，如一部字典有许多"部首"，每得一条新知识，就会依物以类聚的原则，汇归到它的性质相近的系统里去，就如拈新字贴进字典里去，是人旁的字都归到人部，是水旁的字都归到水部。大凡零星片断的知识，不但易忘，而且无用。每次所得的新知识必须与旧有的知识联络贯串，这就是说，必须围绕一个中心归聚到一个系统里去，才会生根，才会开花结果。

记忆力有它的限度，要把读过的书所形成的知识系统原本枝叶都放在脑里储藏起，在事实上往往不可能。如果不能储藏，过目即忘，则读亦等于不读。我们必须于脑以外另辟储藏室，把脑所储藏不尽的都移到那里去。这种储藏室在从前是笔记，在现代是卡片。记笔记和做卡片有如植物学家采集标本，须分门别类订成目录，采得一件就归入某一门某一类，时间过久了，采集的东西虽极多，却各有班位，条理井然。这是一个极合乎科学的办法，它不但可以节省脑力，储有用的材料，供将来的需要，还可以增强思想的条理化与系统化。预备做研究工作的人对于记笔记做卡片的训练，宜于早下工夫。

杨绛：《读书苦乐》

读书钻研学问，当然得下苦功夫。为应考试、为写论文、为求学位，大概都得苦读。陶渊明好读书，如果他生于当今之世，要去考大学，或考研究院，或考什么"托福"，难免会有些困难吧？我只愁他政治经济学不能及格呢，这还不是因为他"不求甚解"。

我曾挨过几下"棍子"，说我读书"追求精神享受"。我当时只好低头认罪。我也承认自己确实不是苦读。不过，"乐在其中"不等于追求享受。这话可为知者言，不足为外人道也。

我觉得读书好比串门儿——"隐身"的串门儿。要参见钦佩的老师或拜谒有名的学者，不必事前打招呼求见，也不怕搅扰主人。翻开书面就闯进大门，翻过几页就升堂入室；而且可以经常去，时刻去，如果不得要领，还可以不辞而别，或者干脆另找高明，和他对质。不问我们要拜见的主人住在国内国外，不问他属于现代古代，不问他什么专业，不问他讲正经大道理或是聊天说笑，都可以挨近前去听个足够。我们可以恭恭敬敬旁听孔门弟子追述夫子的遗言，也不妨淘气地笑问"言必称'亦曰仁义而已矣'的孟夫子"，他如果生在和我们同一个时代，会不会又是一位马列主义老先生呀？我们可以在苏格拉底临刑前守在他身边，听他和一位朋友谈话；也可以对斯多葛派伊匹克悌忒斯的《金玉良言》产生怀疑。我们可以倾听前朝列代的种种遗闻逸事，也可以领教当代最奥妙的创新理论或有意惊人的故作高论。反正只要话不投机或言不入耳，不妨及早抽身退场，甚至砰一下推上大门——就是说，啪地合上书面——谁也不会嗔怪。这是书以外的世界里难得的自由！

壶公悬挂的一把壶里，别有天地日月。每本书——不论小说、戏剧、传记、游记、日记，以至散文诗词，都别有天地，别有日月星辰，而且还有生存其间的多个人物。我们很不必巴巴地赶赴某地，花钱买门票去看些仿造的赝品或"栩栩如生"的替身，只要翻开一页书，走入真境，遇见真人，就可以亲亲切切地观赏一番。

别说些什么"欲穷千里目，更上一层楼"！我们连脚底下地球的那一面都看得见，而且顷刻可到。尽管古人把书说成"浩如烟海"，但书的世界却是真正的"天涯若比邻"，这话绝不是唯心的比拟。世界再大也没有阻隔。佛说"三千大千世界"，可算大极了。书的境地呢，"现在界"还加上"过去界"，也带上"未来界"，实在可以算是包罗万象，贯通三界。而我们却可以足不出户，在这里随意阅历，随时拜师求教。是谁说读书人目光短浅，不通人情，不关心世事呢！这里可得到丰富的经历，可认识各时各地、各种各样的人。经常在书里"串门儿"，至少也可以脱去几分愚昧，多长几个心眼儿吧？我们看到道貌岸然、满口豪言壮语的大人先生，不必气馁胆怯，因为他们本人家里尽管没开放门户，没让人闯入，他们的亲友家我们总到过，自会认识他们虚架子后面的真嘴脸。一次，我乘汽车驰过巴黎塞纳河上宏伟的大桥，看到了栖息在大桥底下那群捡垃圾为生、盖报纸取暖的穷苦人。不是我的眼睛还能拐弯儿，只因为我曾到那个地带去串过门儿啊。

可惜我们"串门"时"隐"而犹存"身"，毕竟只是凡胎俗骨。我们没有如来的慧眼，把人世间几千年积累的智慧一览无余，只好时刻记住庄子"生也有涯而知也无涯"的名言。我们只是朝生暮死的虫豸（还不是孙大圣毫毛变成的虫儿），钻入书中世界，这边爬爬，那边停停，有时遇到心仪的人，听到惬意的话，或者对心上悬挂的问题偶有所得，就好比开了心窍，乐以忘言。这个"乐"和"追求享受"该不是一回事吧！

何其芳：《尽信书，不如无书》

书帮助了我们，也害了我们。

这话又怎样讲？

详细一点说，有的书，说了一些真话的书，帮助我们认识这个世界，推动我们走向人生之正途；而有的书，那些说假话的书，则使我们头脑糊涂，眼睛不亮，做了许多傻事，走了许多冤枉路也。

说来话长。姑举一例以明之。

有相当长一个时期我对拜伦没有好感。其实我并没有好好念过他的诗，而却有了成见，你说怪不怪呢？这完全是法国的有名的传记作家兼资本家安德烈·莫洛亚的《拜伦传》害了我的。莫洛亚先生的文章是蛮轻松的，我读了他的雪莱传（即《爱俪儿》），就又去找他的《拜伦传》来读。那已经是1934年左右的事情了。现在还大约记得的，是他写拜伦与其异母姐姐有恋爱关系，同居关系；而且他不断地和这个女的好又接着和那个女的好；在意大利时，他过着很奢侈的生活，他一出游后面就跟着载鳄鱼、猎犬、女人的车子。总之，把他写得很荒淫的样子。过去关于拜伦的一点知识抵抗不了这种影响，于是在我脑子里他就成了一个单纯的"堂·璜"了。

一直到抗战以后，读了勃兰兑斯的《十九世纪文学之主潮》中讲拜伦的那一章，我脑子里的拜伦才变成了另外一个人：才活生生地感到他是一个为自由与民主而战的猛士，一个狂暴地震动了英国当时的统治阶层，因而受到压制、迫害与诽谤的反叛者。而这正是他成为大诗人的主要原因。

爱伦堡有一篇文章，其中说到莫洛亚是个工厂的老板，而他开舞会介绍他的小姐到社交界之奢华铺张，光怪陆离，刚好说明他自己正是一个荒淫者。他之所以讨厌拜伦，并把拜伦写成一个讨厌的人物，岂不就很容易理解了吗?

尽信书，则不如无书。

孟夫子这句话有些道理。但是他这句话也不可尽信。问题在看是什么样的书：说假话的书抑或是说真话的书。如何辨别这两类书，与辨别真假都有的第三类书中的真话和假话，除了必要的知识之外，主要还是靠我们读书时有一种思索的批评的态度。

冯亦代：《漫话读书》

或有问我是怎样读书的，容我慢慢道来。

起初我一段时候只能读一本书，特别是读理论书。但长时间只读一本书，不免觉得厌气，只能放下书来不读，去做一些别的事情，等到重又拿起书时，总觉得有难以为继的迷茫。在读文学作品时，尤其是看长篇小说，读着读着就读到书里去了，甚至废寝忘食，欲罢不能。

这样又走到了另一极端。

后来我偶然读到一篇美国大文豪海明威的访问记，他读书是同时读几本的，以后又见到当代美国作家诺曼梅勒的访问记，他也同时读几本书。

阅读的方法与技巧

182

我当时颇以为奇，心想一个人怎么能那么快速改变他的思绪呢。1980年我去美国访问，在一次招待酒会上遇到梅勒，便抓着这个题目向他请教。他说这习惯可以有意识地养成，久而久之，便成了习惯；他起初时只是个偶然的行动。有一天他正在书斋里津津有味地读一本书，忽然邮件送来了（其中有一本作者送给他的书），他便放下原来在读的书，而把刚送来的新书翻了开来，这样便读了下去，脑里并不觉得有任何干扰，而且那种因久读一书所生的倦怠，也因接触了新的内容消散殆尽；他感到忽然发现了一个新大陆。以后一本书看得厌烦，就另拿起一本，从同时读两本书，一直到同时读六本书。每换一本，就有新的感觉，而那种只读一书的陈旧感也一扫而空。他发现以新的心情吸收新的内容，不但不会打乱他的思绪，而且反而增加脑子吸收新刺激的效力。我听了他的话，回到旅舍，便有意识地加以试验，以后也就养成了习惯，但只能以同时看三本书为限，多了还是不成，而且理论书也不能两本同时读，否则思绪便搅成一锅粥。

古人每以一目十行称许饱学之士，过去我总以为是夸张，但试试也成。你把那些文章中的虚词形容词都去掉，十行也就剩不多几个字，再加以融会贯通，一目十行也是做得到的。但是我觉得要精读就不成了，精读需要下死功夫。一本书如果先读目录，把内容大致理一理，再读时便可省却许多时间，否则一时读几本要精读细读的书，我的经验是行不通的。可惜当时我没有问梅勒的经验如何。

这种一时读几本书的事，适合于时间不够的人。如果时间充足，那就无须这样赶读了。但作为读书时的休息，一时读几本，倒有极大帮助。因为可以使脑子得到新刺激而忘掉疲倦，也可以说这是心理上的一种移情作用，是不是的确如此，我非心理学家，不能妄作主张；但我总觉得一时读几本书完全可能。

现在我老了，已从繁杂的工作中退了下来，要读书有的是时间，正因为年老时间充足，读书便不能无为而治，要读更多的书。书也有涯，而书也无涯。古时读书五车，那时用木简，五车便了不起，如今是二吨半的大卡车，可以装多少书？我看是无法读完的，这就需要抓时间。我们要善于抓时间，一时读几本书便是个办法。

汪曾祺：《谈读杂书》

我读书很杂，毫无系统，也没有目的。随手抓起一本书来就看。觉得没意思，就丢开。我看杂书所用的时间比看文学作品和评论的要多得多。常看的是有关节令风物民俗的，如《荆楚岁时记》、《东京梦华录》。其次是方志、游记，如《岭表录异》、《岭外代答》。讲草木虫鱼的书我也爱看，如法布尔的《昆虫记》，吴其浚的《植物名实图考》、《花镜》。讲正经学问的书，只要写得通达而不迂腐的也很好看，如《癸巳类稿》。《十驾斋养新录》差一点，其中一部分也挺好玩。我也爱读书论、画论。有些书无法归类，如《宋提刑洗冤录》，这是讲验尸的。有些书本身内容就很庞杂，如《梦溪笔谈》、《容斋随笔》之类的书，只好笼统地称之为笔记了。

读杂书至少有以下几种好处：第一，这是很好的休息。泡一杯茶懒懒地靠在沙发里，看杂书一册，这比打扑克要舒服得多。第二，可以增长知识，认识世界。我从法布尔的书里知道知了原来是个聋子，从吴其浚的书里知道古诗里的葵就是湖南、四川人现在还吃的冬苋菜，实在非常高兴。第三，可以学习语言。杂书的文字都写得比较随便，比较自然，不是正襟危坐，刻意为文，但自有情致，而且接近口语。一个现代作家从古人学语言，与其苦读《昭明文选》、"唐宋八家"，不如多看杂书。这样较易融入自己的笔下。这是我的一点经验之谈，青年作家，不妨试试。第四，从杂书里可以悟出一些写小说、写散文的道理，尤其是书论和画论。包世臣《艺舟比楫》云："吴兴书笔，专用平顺，一点一画，一字一行，排次顶接而成。古帖字体，大小颇有相径庭者，如老翁携幼孙行，长短参差，而情意真挚，痛痒相关。吴兴书如士人入隘巷，鱼贯徐行，而争先竞后之色，人人见面，安能使上下左右空白有字哉！"他讲的是写字，写小说、散文不也正当如此吗？小说、散文的各部分，应该"情意真挚，痛痒相关"，这样才能做到"形散而神不散"。

刘心武：《有聊才读书》

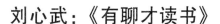

旅美华人作家陈若曦有本随笔集叫做《无聊才读书》，光那书名就能令不少人共鸣。的确，人们常常在繁忙匆促的人生途程中与书交臂而过不及一顾，一旦闲下来，会感到心灵中的"蓄水池"已有惊人的消耗，从而产生一种赶快读书的欲望。陈若曦女士的命意或许并非如此。但我想在"无聊"时读书，以期在"有聊"时心灵中有更饱满的创造力与冲击力，当属读书人的一种典型心态。

但我自己，并且也包括一些朋友，乃至更多的人，却是"有聊才读书"。我们往往并不是因为心灵中有了空缺而是觉得淤塞，并不是因为无所事事而是觉得必须做事而竟一时无从入手，并不是因为闲情雅致袭上心来而是因为有着过多的严肃思绪，并不是因为时间从容环境舒适而是因为总觉得光阴穿梭得太快怕自己挨不住清贫，从而才读书。读书能使郁闷的心灵得到疏通，能使我们从小胡同转到大街上，能使我们的心弦适度松弛以防崩断，能使我们超越岁月的无情与世俗的牵引。

"无聊才读书"，所指的书不是无聊的书，因而很高兴。无聊时很容易就去吃香喝辣、搓麻将牌，或到歌厅舞场粘点"露水姻缘"，或粘在电子游戏机、卡拉 OK 机上成一只"懵懂虫"，乃至于无事生非、寻衅滋事。"有聊才读书"，所指的书却包括某些无聊的书。因为人在太有聊时，实在需要化解，需要调剂，需要轻松，需要超脱，因而适当地翻阅一些无益也无害、仅供一笑或一皱眉的文字，也并不减却其读书的高尚。

无论"百无聊赖"还是"百有聊赖"，不去寻求别的解脱法而首先想到读书，总是一桩好事。

二月河：《随缘读书做学问》

年轻时读到《五柳先生传》，一下子便被吸引了。"先生不知何许人"，"好读书不求甚解"，也觉新奇洒脱。这和先贤韩愈讲的"术业有专攻"，和老师们聒噪的"精读慎思"，怎么瞧都带点别扭的味儿。这点迷惘困惑一直萦绕了几十年，以至于一直以为陶渊明老先生是在自嘲，是随便的一句调侃。后来渐渐地步入中年，心中眼中浮翳渐去，才晓得那是一种境界，一种读书治学的方法。

说到自己读书治学，想了想，其实是没有什么章法的。"文革"时在部队锻炼，有条件偷偷读到二十四史，但每天不停地看"本纪"、"世家"、"列传"之类，有点"千篇一律"的感觉。那固然比"三忠于"、"四无限"之类的事儿有意思，但还是不能满足，只好见书就读。从《中国哲学史资料简编》到《奇门遁甲》，从《儒法斗争史》到《基度山伯爵》，今天读《皮克威克外传》，明天又是《宋元学案》；忽而读到《第二次握手》，倏然又读《辞海》、《诗经》、《楚辞选》等等什么的。看见什么读什么，摸到什么读什么。为名为利研读治学的心思不但没有，连想想也自觉渺茫而且"有罪"。

当时读到的书都是战友、朋友暗地传借的，有的有个封皮儿，有的没有，既无头也无尾，烂得像用久了的尿布片子。读到最后，只记得几个片断情节，著述人是谁、何时出版、定价几何，统统都懵懂。然而，就是这般瘟头瘟脑地读了去，居然也得了不少的文史哲知识。后来，条件好了，有条件系统地连缀贯串一下，也就成了有用的知识。写《康熙大帝》、《雍正皇帝》和《乾隆皇帝》的原始积累就在这个时期。当时真的没什么目的，有点像一只饥饿的羊，到了一片草地，见什么草都拼命吃。有一个词现在很少用了，那叫"羊狠"。

所以我认为，读书也好，治学也好，是不宜给自己划定一个框子的，相反应该随缘。倘使你要当冯友兰，要当任继愈，当孟森，当戴逸，当周

远廉、冯其庸这样的，那也是非有兴趣不可。博之外非要下工夫"求其甚解"。这些先生的文章道德都建立在严谨的逻辑思维上，精金美玉般琢磨钻研，苦心孤诣地构架。那是他们讲究读书治学的"博"与"专"使然。但若是二月河之辈，虽也讲个兴趣，但似乎就不妨粗放些了。即使有点"猪八戒吃人参果"，一吞而下，快何如之？而且人参果的营养也未见流失。

所以要根据你自身的条件来办，这就是我想说的"缘"。读书本身就比打麻将有意思，是其乐无穷的事。读书不求甚解也其乐无穷；读书偶得甚解，则可以手之舞之、足之蹈之了。于初涉学堂的青少年，更不宜画地为牢。套一句《山门》里的词儿——"哪里讨，烟蓑雨笠卷单行；一任俺，芒鞋破钵随缘化。"如此便是好。

蒋子龙：《书的征服》

假若这个世界上没有书，会是一种什么样子呢？

精神失去了阳光，思想无法传播，知识不能保存，语言失去意义，人们的生活残缺不全，生命将变得无法忍受……

所以，书是人类一种伟大而美妙的发明。文明的征服其实也是书的征服。

书是最聪明、最可靠的老师和朋友。

有书为伴，孤独也是一种享受，深刻而丰富；闲暇将卓有成效；幽静将变得烂漫多彩；嘈杂也可以宁静和谐。移植生命，保持记忆，激发思想，传播知识，交流信息，表达灵感……

书有说不尽的好处。正因为如此，书才有强大的征服性和侵略性。我怕搬家就是怕搬书。所谓搬家主要就是搬书。每次搬家在家人和帮忙者的一再怂恿下都不得不扔掉一些书。逢年过节，把屋子收拾利索，长了能维持几个月，短了不消几天，屋子里又乱了，主要是书在捣乱，到处是书堆。外出总禁不住要逛书店，逛书店就不可能不买书。新书、准备要看的书、看了一半的书、写作正用得着的书、有保存价值的书，占据了我房子里的绝大部分空间；而且还不断扩展，每时每刻都在蚕食供我存身的那块空间。这不是侵略是什么？我舒舒服服、自得其乐地接受这种侵略和征服。

书不仅征服时间和空间，更征服人的大脑。但是，倘若一个人只是被书征服，而没有征服书，充其量也只能算个书虫子。正如培根所说，把自己的大脑当成草地，任别人的思想如马蹄一般践踏。那样的话，再好的书也将失去其魅力和价值。

会读书的人都懂得征服书。

学生们有这样的体会：一册很厚的新书，会愈读愈薄，到期末考试的时候就剩下那么几道题了。这叫吃透了，掌握了，征服了知识。

读其他的书也一样。即便先被书征服，最后还是要反过来把它征服。书能够给人提供多种选择：生命的选择，思想的选择，生活的选择。书里有各种各样的人生，使我们生活在自己选择的时代里。在自己的生命之外，还可以再补充别的自己所需要的人生，可以拥有多种人生经历。每看

一本书就是进人那个作家的头脑之中，了解他的思想、感情、经验和智慧。

读书需要选择。如果不善选择，一生什么事都不干，光读别人的书也读不完，那又有什么意义呢？读——失去了意义，书——也失去了存在的价值。

我的办法是，翻遍所有能接触到的书，因为不亲自翻一翻就不知好坏，难以取舍；然后把那些没有什么价值的书扔掉——这种价值的评定是没有什么统一的唯一的标准的。可根据自己的需要视具体情况而定。一本书就像一根绳子，只有当它跟系着或捆着的东西发生关系时，它才有意义。同是一本书对有的人毫无价值，对另外一个人说不定就有点用处。

读书的工夫要下在需要认真阅读、仔细品味的一类书上。这类书能满足你的精神需要，激发你的才智，帮助你完善自己。你要征服的也是这样的书。多好的书也不是供香客朝拜的供奉物。

还有一些是供你消遣、娱乐的书，可在沉闷无聊的旅途上，在紧张疲劳之后，在工作之余，以及在睡不着觉的时候去读，而不必用正规的时间，我现在才真正感到时间宝贵，浪费不起。好像一天不再有24小时，只剩下20小时或18小时，其余的时间被电视和其他一些不用动脑子的活动占去了。我的窗台上和写字台周围书刊堆得过高了，就反省自己是不是读书的时间减少了。于是拼上几个晚上，把功课补齐。

当然，还有一部大书，每个人都需要终生不懈地精读粗读苦读喜读，它就是社会这部活书。读它不能代替读印刷的书；同样，读印刷的书也不能代替读它。

余秋雨：《读书之要则》

我觉得一个人的最佳读书状态大多产生在中年以后，但能不能取得这种状态则取决于青年时期的准备。中年以后的读书可以随心所欲，而在青年时期却不能过于随意，需要接受一些过来人的指点。

一、尽早把阅读当作一件人生大事

阅读的最大理由是想摆脱平庸。一个人如果在青年时期就开始平庸，那么今后要摆脱平庸就十分困难。

只有书籍，能把辽阔的空间和漫长的时间浇灌给你，能把一切高贵生命早已飘散的信号传递给你，能把无数的智慧和美好对比着愚昧和丑陋一起呈现给你。区区五尺之躯，短短几十年光阴，居然能驰骋古今，经天纬地，这种奇迹的产生，至少有一半要归功于阅读。

如此好事，如果等到成年后再来匆匆弥补就有点可惜了，最好在青年时就进入。

二、要把阅读范围延伸到专业之外

阅读专业书籍当然必要，主要是为了今后职业的需要。鲁迅说："这样的读书，和木匠的磨斧头、裁缝的埋针线并没有什么分别，并不见得高尚，有时还很苦痛，很可怜。"

生命的活力，在于它的弹性。大学时代的生命弹性，除了运动和娱

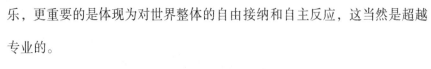

乐，更重要的是体现为对世界整体的自由接纳和自主反应，这当然是超越专业的。

现在很多大学都发现了学生只沉陷于专业的弊病，开设了通识教育课，这是一个很好的办法。但同样作为一门课程，即使是通识教育也保留着某种难于克服的狭隘性和被动性。因此不管功课多重，时间多紧，自由的课外阅读不可缺少。

更何况，时代的发展使每门专业的内在结构和外部界限发生了很大的变化，没有足够的整体视野，连专业都很难学好。

三、先找一些名著垫底

大学生的课外阅读，是走向精神成熟的起点，因而先要做一点垫底的工作。

垫什么样的底，就会建什么样的楼，因此尽量要把底垫得结实一点。时间少，要寻找一种省俭方式。最省俭的垫底方式，是选读名著。

名著因被很多人反复阅读，已成为当代社会词语的前提性素材。如果不了解名著，就会在文化沟通中产生严重障碍。名著和其他作品在文化方位上是不平等的，它们好像军事上的制高点，占领了它们，很大一片土地就不在话下了。对于专业之外的文化领地，我们没有时间去一寸一寸占领，收取几个制高点就可以了。

四、名著读不下去也可以暂时放下

即使是一位熟悉的师长很有针对性地为我们开了一份必读书目，书目里的名著也有读不下去的时候。

读不下去就放下，不要硬读。这就是非专业阅读的潇洒之处。

这么有名的著作也放下？是的，放下。因为你与它没有缘分，或许说暂时无缘。

再有针对性的书目也只考虑到了你接受的必要性，而无法考虑到你接受的可能性。所谓可能，不是指阅读能力，而是指兴奋系统，这是你的生命秘密。别人谁也不会清楚。

五、有一两个文化偶像不是坏事

在选读名著的过程中，最终会遇到几部名著、几位名家最与你情投意合。你着迷了，不仅反复阅读，而且还会寻找作者的其他著作，搜罗他们的传记，成为他们的崇拜者。我的一位朋友说他一听到辛弃疾的名字就会脸红心跳，我在读大学时对法国作家雨果也有类似的情景。这就是平常所说的偶像。

偶像的出现，是阅读的一个崭新阶段的开始。能够与一位世界级或国家级的文化名人魂魄与共，真是莫大的幸福。然而更深刻的问题在于：你为什么与他如此心心相印？不完全是由于他的学问、艺术和名声，因为有很多比他学问更高、艺术更精、名声更大的人物却没有在你心底产生这样强烈的感应。根本的理由也许是：你的生命与他的生命有某种同构关系，他是你精神血缘上的前辈姻亲。暗暗地认下这门亲，对你很有好处。

六、青年人应立足于个人静读

青年人读了书，喜欢互相讨论。互相讨论能构建起一种兴趣场和信息场，单独的感受流通起来了。

但是总的说来，阅读是个人的事。字字句句都要由自己的心灵去默默感应，很多最重要的感受无法诉诸言表。阅读的程序主要由自己的生命线索来连接，而细若游丝的生命线索是要小心翼翼地打理和维护的。这一切，都有可能被热闹所毁损。更何况我们还是学生，即使有点肤浅的感受也不具备向外传播的价值。在同学间高谈阔论易生意气，而一有意气就会坠入片面，肤浅变得更加肤浅。

就像看完一部感人至深的电影，一个善于吸收的观众，总喜欢独个儿静静地走一会，慢慢体味着一个个镜头、一句句台词，咀嚼着艺术家埋藏其间的良苦用心，而不会像有些青年那样，还没有出电影院的门就热烈谈论开来了。在很多情况下，青年人竞争式的谈论很可能是一种耗散，面对越是精深雅致的作品越可能是这样。

七、读书卡片不宜多做

读书有一个经常被传授的方法，那就是勤奋地做读书卡片。读到自己有兴趣的观点和资料，立即抄录在卡片上，几个月之后把一大堆卡片整理一番，分门别类地存放好，以后什么时候要用，只要抽出有关的一叠，自己也就可以获得一种有论有据、旁征博引的从容。

这种方法，对于专业研究、论文写作是有用的，但不适合青年学生的课外阅读。从技术上说，课外阅读的范围较大，又不针对某个具体问题，卡片无从做起，即使做了也没有太大用处，白白浪费了许多阅读时间。如果要摘录隽语佳句，不如买一本现成的《名人名言录》

放在手边。

但技术上的问题还是小事。最麻烦的是，做卡片的方法很可能以章句贮藏取代了整体感受，得不偿失。一部好的作品是一个不可割裂的有机整体，即使撷取了它的眉眼，也失去了它的灵魂。

我不主张在课外阅读中做很多卡片，却赞成写一些读书笔记，概括全书的神采和脉络，记述自己的理解和感受。这种读书笔记，既在描述书，又在描述自己。每一篇都不要太长，以便对即时的感受进行提炼，把感受提炼成见识。

八、有空到书店走走

大学生的阅读资源，主要来自图书馆。但是，我希望大家有空也到书店走走。书店当然比图书馆狭小得多，但它是很有意思的文化前沿。当代人的精神劳作有什么走向？这些走向与社会走向有什么关系？又被大众接受到什么程度？解答这些疑问的最好场所是书店。

崭新的纸页，鲜亮的封面，夸张的宣传，繁忙的销售，处处让你感受到书籍文明热气腾腾的创造状态，而创造，总是给人一种愉悦的力量。这种力量对读书人是一种莫名的滋养，使你在长久的静读深思之后舒展筋骨，浑身通畅。

你可以关注一下畅销书排行榜，判断一下买书的人群，然后，也准备为自己选几本书。在书店选书与在图书馆有所不同，对于重要的书，你会反复考虑永久性拥有的必要性，于是在书架前进行了一次短短的自我拷问。你也许会较少犹豫地购买几本并不重要却有趣、可爱的新书，由此你对自己与书籍的奇异关系产生了某种疑问，这种疑问的每一个答案都让人开心。

巴丹：《e‑book，阅读革命》

网络，是一种新的阅读介质。读书好还是读 e‑book 好？这个命题让人们犯难。卢梅坡《雪梅》诗云："梅虽逊雪三分白，雪却输梅一段香。"此说是也。介质的不同，也是各有千秋，并没有绝对的优劣。

实际上，正是介质的发展使阅读发生着一次又一次的革命。

现在，人们仍然对纸介媒体保留着敬畏。这可以追溯到蔡伦发明纸张以后的全部阅读史。在以纸介为载体的阅读文化中，人们常常会沉浸在对传统的缅怀之中。会像冰心一样怀念小橘灯，怀念书桌前的炭火，红袖添香，研墨洗笔。再古一些的人呢？他们一定怀念厚重的竹简，沉重的铜铁，柔软的帛，甚至是石碑，甲骨，热爱上面镌刻的那些永垂不朽的字。

实质上，新媒体所赖以建立的阅读基础，根本上与书籍并没有差别，它在解读方式上以自己的特点发展了巨大的空间。

网络的特点在于它"互动"的阅读方式。从目前的情况看，互动阅读与传统的读纸介书籍的"控制阅读"之间并非一种替代的关系，反而有互补的作用。

书籍是经过编辑和梳理的成品，而网络需要个人的编辑和选择；书籍是经过烹饪的熟食，后者是原生态的生食。两者各有不同的功能，也不能互相替代。随着传播方式和手段的迁演，人们对媒体的接触程度大大提高了。因此，我们有理由认为，网络方式是人们媒体接触方式中不可或缺的一种。

网络阅读开始了阅读方式的一场革命。

在这场革命中，我们看到了网络媒体虽然不能取代其他媒体，但它有着明显的先进性。

网络是无极的，它巨大的包容性，使信息无限流通，最大限度地满足了我们对信息的需求。现在用搜索引擎查资料，你可以瞬间得到你想要的东西。这么说吧，就算是大海捞针，只要这一根针在，你就能捞到。这就是网络。在网上我们可以如天马行空，这是一种全新的"阅读"方式。

这是时代的、高效的阅读方式。你必须知道，如果你还仅仅迷信纸书，将来，纸贵如锦。在纸媒体为主流媒体时代成长起来的人们，依然怀念纸书。而我们这一代人，下一代人，也许将在电脑前长大，不必再触摸纸张的质感，同样可以触及写者的灵魂。当我第一次读到尼葛洛庞蒂的《数字化生存》时，就立即意识到，我们的阅读乃至生存都将与网络结下不解之缘。

人们越来越习惯于方便快捷地从网络获得信息。读者群体的年轻化对阅读提出了更高的要求，他们的阅读不仅仅是寻求精神上的皈依和认同，而越来越重视阅读带来的视觉享受和愉悦感觉。网络所提供的，正是全方位的、个性化的、立体的阅读。

有人认为，书是精英文化，电子文化是大众文化。这种看法是有偏颇的。文化的层面不同，并不取决于媒体介质的差异。纸介质并不比电子介质更高贵。介质所承载的文化品质与介质本身无关。所以，无论书籍也好，广播电视也好，网络也好，本身只有传播特点的不同，并没有高低雅俗之分。精英文化和大众文化都可以任选介质为其传播载体。

说得再透彻一点儿：介质本身有差异，但阅读的本质是一样的。大胆地上网吧，读 e‑book 吧，你将站在时代的阅读前沿。